AF571492

ISBN : 2-7475-5058-3

L'ALTÉRITÉ

Collection « Cent mots pour »
dirigée par Louis Porcher et Dominique Groux

La collection « 100 mots pour » explicite, autour d'un thème majeur (sociologique, politique ou moral), les concepts qui lui sont associés (par proximité, complémentarité, opposition, etc.) et qui permettent de le cerner. Le lecteur choisit ce qui lui est utile et emploie le livre comme un vade-mecum ou un vocabulaire grâce auquel il s'informe et fait le point sur ce qu'il cherche à savoir.

Dominique Groux et Louis Porcher

L'ALTÉRITÉ

L'Harmattan
5-7, rue de l'École-Polytechnique
75005 Paris
FRANCE

L'Harmattan Hongrie
Hargita u. 3
1026 Budapest
HONGRIE

L'Harmattan Italia
Via Bava, 37
10214 Torino
ITALIE

SOMMAIRE

AGRESSIVITE

L'agressivité est l'ensemble des tendances qui permettent à un être de s'affirmer, de se faire reconnaître par son environnement, en s'opposant à lui, le plus souvent par la force. Elle permet d'établir et de délimiter son territoire. Les éthologistes, en particulier Konrad Lorenz, ont montré qu'il y avait, chez les animaux, une tendance irrépressible à occuper tout l'espace disponible. Chez l'homme, cette pulsion fondamentale, d'après Freud, est reliée à la pulsion de mort. Elle est le plus souvent dirigée vers son entourage, mais elle peut aussi se retourner contre lui-même (suicide).

Elle s'éduque chez l'homme, contrairement aux animaux sauvages. Et c'est bien là aussi le rôle de l'école que d'éduquer l'enfant afin qu'il puisse contrôler et canaliser cette agressivité, car « le pire dommage pour l'homme est de perdre son humanité » (Epictète, *Entretiens*). Les comportements violents et agressifs par rapport aux autres sont le signe d'une perte d'humanité, car « les qualités humaines, les empreintes que nous avons dans l'âme en venant au monde, nous les jugeons bonnes ». En revanche, l' « irascible, le colérique, le geignard, [celui qui] fracasse la tête des passants, [qui] cherche à rencontrer quelqu'un pour le frapper ou le mordre », n'est pas homme. « Ce n'est ni un mouton ni un âne, c'est une bête sauvage » (Epictète, *Entretiens*).

Il semble bien que l'agressivité non contrôlée qui se traduit par la violence, verbale ou physique, par rapport à l'entourage, dénote le mépris et le manque de respect pour l'autre. Il importe, là encore, non seulement d'éduquer l'individu pour qu'il maîtrise son agressivité et qu'il la canalise pour l'orienter vers des formes supérieures (militantisme, politique, travail, sport, etc.), mais de l'amener à la reconnaissance, à l'écoute et à la prise en compte respectueuse des autres.

ALTRUISME

Ce mot, forgé par Auguste Comte, pour prendre position contre l'individualisme du XVIIIème siècle, s'oppose à « égoïsme » et désigne l'amour des autres. L'altruiste aurait donc tendance à préférer l'intérêt des autres à son intérêt propre. Sa démarche généreuse et solidaire s'oppose à une démarche individuelle et auto-centrée.

Ce concept est lié à la notion de « bon », de « sage », telle qu'on l'entendait dans l'Antiquité. Lorsque Epictète évoque le cynique qui « n'a pas d'enfants, mais [qui] a l'humanité pour famille », il dresse ce portrait : « Nous ne sentons pas la grandeur du cynique, nous ne nous faisons pas une idée assez haute du caractère de Diogène. (…) Homme, il procrée toute l'humanité, il a les hommes pour fils et les femmes pour filles ; ainsi, il est auprès de tous, il prend soin de tous » (Epictète, *Entretiens*).

Si je suis capable de préférer l'intérêt commun à mon propre intérêt, c'est que je suis un citoyen digne d'estime, généreux et solidaire. Cette tendance n'est pas naturelle ; elle est le fruit d'une éducation et d'une réflexion. Elle est ce mouvement centrifuge qui va vers l'autre, alors que la tendance centripète est la plus répandue.

Certes, on peut penser que cette démarche relève de l'abnégation la plus complète et que l'on peut concilier à la fois son propre intérêt et l'intérêt commun. Mais au-delà de l'abnégation, c'est plutôt une forme de devoir vis-à-vis des autres et vis-à-vis de la société en général qu'il faut lire. En effet, c'est plutôt « la majesté du devoir, qui n'a rien à faire avec la jouissance de la vie », pour reprendre les termes de Kant, que traduit la démarche altruiste. Il soutient que le devoir d'obéir à la loi morale nous révèle la liberté de notre volonté et nous permet de surmonter les déterminations individuelles de notre nature empirique.

N'est-ce pas la véritable sagesse, celle qui consiste à aimer les autres plus que soi-même, à penser à leur intérêt avant de

penser au sien propre ? Ce serait effectivement une des vertus de l'amour, tel que le conçoit Leibniz « Aimer, c'est se réjouir du bonheur d'autrui ». A quoi on peut ajouter le second commandement aux Chrétiens : « Tu aimeras ton prochain comme toi-même » (*Evangile de Matthieu*) ou les propos de Paul aux Corinthiens : « S'il me manque l'amour, je ne suis rien » (Paul, *Première épître aux Corinthiens*).
L'altruiste fait siennes les valeurs d'amour, de générosité, de solidarité qui doivent être défendues par l'institution scolaire pour contrecarrer les valeurs dominantes dans notre société où l'on a trop tendance à ne considérer que l'intérêt personnel, le profit et l'argent.

AMITIE

L'amitié est une relation équilibrée entre deux personnes qui se sont choisies et qui donc s'apprécient. « C'est un contrat tacite entre deux personnes sensibles et vertueuses » écrit Voltaire dans son *Dictionnaire philosophique*. Pour lui, les amis ont nécessairement des « âmes tendres et honnêtes » car « les méchants n'ont que des complices, les voluptueux ont des compagnons de débauche, les intéressés ont des associés, les politiques assemblent des factieux, le commun des hommes oisifs a des liaisons, les princes ont des courtisans ; les hommes vertueux ont seuls des amis ». Cette opinion est déjà affirmée par Epictète qui écrit (*Entretiens*) que « c'est au sage seul qu'il appartient d'aimer ».

De nos jours, l'amitié se définit par antithèse avec l'amour, puisque, dans l'amitié, il n'y a pas de caractère sexuel et que la réciprocité est nécessaire.

Dans l'Antiquité, la recherche de la sagesse implique un savoir difficilement séparable de l'amitié. C'est la troisième forme d'amitié reconnue par Aristote : la première a pour objet le plaisir, la seconde l'intérêt et la troisième le bien moral. C'est la seule qui soit parfaite (*Ethique à Nicomaque*). Certes, cette recherche de la sagesse s'est souvent accompagnée chez les Grecs d'une composante homosexuelle (cf. Platon).

Ce qui est le plus important, c'est le caractère désintéressé de l'amitié. Toutefois, pour être capable de désintérêt, il faut « identifier son propre intérêt avec la piété, avec l'honnêteté, avec la patrie, les parents et les amis ». (…) Car où est l'amitié sinon là où l'on trouve la loyauté, la conscience, le don de l'honnêteté sans rien autre chose ? » (Epictète, *Entretiens*).

La spécificité de l'amitié et ce qui en fait la noblesse, c'est certainement son caractère désintéressé mais aussi unique. La merveilleuse formule lapidaire de Montaigne pour évoquer son amitié avec La Boétie : « Parce que c'était lui, parce que

c'était moi », souligne l'inclination élective et réciproque entre les deux amis.
L'amitié est somme toute la forme la plus accomplie de l'altérité. Elle incarne le respect, l'acceptation de l'autre dans sa différence, source incontestable d'enrichissement mutuel. Elle est à l'origine de joie affective mais aussi intellectuelle, parce qu'elle permet un véritable échange.

AMOUR

L'amour naît d'un attrait pour un être, une chose, une idée. Nous n'étudierons ici, puisque nous mettons en relation ce concept avec celui d'altérité, que l'amour entre deux êtres.
Nous disions à propos de l'amitié que ce sentiment était la forme la plus accomplie et l'incarnation même de l'altérité. Alors, qu'en est-il de l'amour ? Peut-on établir une hiérarchie entre ces deux sentiments du point de vue de l'altérité ?
Tout d'abord, il convient de préciser ce que l'on entend par amour. Dans son *Dictionnaire philosophique*, Voltaire écrit : « AMOUR : *Amor omnibus idem*. Il faut ici recourir au physique ; c'est l'étoffe de la nature que l'imagination a brodée. Veux-tu avoir une idée de l'amour, vois les moineaux de ton jardin ; vois tes pigeons ; contemple le taureau qu'on amène à ta génisse… ». Il ne fait aucun doute que pour Voltaire, l'amour est synonyme d'« amour physique ».
Au contraire, Platon ajoute à l'amour physique une dimension intellectuelle qu'il analyse dans *Le Banquet*. C'est ce que l'on a coutume d'appeler le mythe platonicien. Tout être serait à la recherche de la partie de lui-même, dont il a subi l'amputation, et la rencontre avec cet autre être lui permettrait de retrouver l'unité première. L'amour platonicien permet donc, par la rencontre avec un autre être, constitutif de soi-même, avant la mutilation, de retrouver son identité, son unicité. L'*alter* retourne alors à l'*ego* dans le moment fusionnel que constitue l'amour, et réciproquement.
La conception théorique de l'amour en Occident est encore influencée par cette approche platonicienne, qu'il s'agisse du romantisme allemand ou des conceptions fusionnelles de l'amour véhiculées par la littérature occidentale.
C'est la raison pour laquelle nous avons distingué l'amitié de l'amour du point de vue de l'altérité. La relation à l'autre serait plus respectueuse et plus désintéressée dans l'amitié. C'est sans compter avec la distinction que font les

scolastiques entre l'*amor beneficentiae* et l'*amor concupiscientiae*.
Le premier, fondamentalement bienveillant, est celui qui transporte hors de l'individu qui aime avant tout la finalité de son sentiment. La phrase de Leibniz « *Amare est gaudere felicitate alterius* » (Aimer, c'est se réjouir du bonheur d'autrui) exprime bien cette conception.
Le second traduit une attirance liée avant tout à la satisfaction de ses besoins sexuels ou de ses besoins matériels. Il est sans dire que, dans cette seconde forme d'amour, la prise en compte de l'autre est superfétatoire.
Nombreux sont les philosophes ou les écrivains qui dénoncent l'illusion de l'amour éthéré comme un habillage ou « une broderie » (Voltaire) de l'acte sexuel.
Stendhal qui a écrit un très beau texte consacré à l'amour (*De l'amour*) n'est-il pas le premier à évoquer le phénomène de cristallisation qui rend possible ce sentiment, phase suivie d'un processus contraire, tout aussi soudain, qui met un terme à l'amour ? L'amour ne serait-il qu'un habillage de l'acte sexuel, et en ce sens, caractérisé par son caractère éphémère ? Ou bien la décristallisation peut-elle s'expliquer par la non-permanence de l'être, à l'identité fluctuante (cf. article fidélité) ?
On peut tout de même s'accorder le droit de rêver à ce que peut être l'amour, qui résulte de la rencontre entre deux êtres aux sensibilités proches, aux goûts et aux options philosophiques assez semblables, tout en sachant très bien que la permanence de ce sentiment n'est pas garantie, étant donné les fluctuations identitaires des deux êtres en question.

AMOUR-PROPRE

L'amour-propre n'est pas seulement l'opinion favorable que l'on veut donner de soi-même aux autres, c'est un sentiment égoïste centré sur l'individu qui affirme sa supériorité sur les autres. Pour Rousseau, « l'amour-propre n'est qu'un sentiment relatif, factice, et né dans la société, qui porte chaque individu à faire plus de cas de soi que de tout autre, qui inspire aux hommes tous les maux qu'ils se font mutuellement ».

Lié au sentiment de fierté personnelle, il suscite le désir de bien faire pour être apprécié des autres et induit des comportements de susceptibilité. « L'amour-propre subordonne tout à ses commodités et à son bien-être : il est à lui-même son seul objet et sa seule fin… L'amour-propre veut que les choses se donnent à nous, et se fait le centre de tout. Rien ne caractérise donc l'amour-propre comme la complaisance qu'on a dans soi-même et les choses qu'on s'approprie » (Vauvenargues).

Vu comme « la source de tous nos dérèglements », l'amour-propre, associé à l'orgueil et à la vanité, n'a rien à voir avec l'amour de soi, pour reprendre la distinction de Rousseau. « Naturel et légitime, principe de tous nos efforts pour accomplir le devoir », l'amour de soi est « un sentiment naturel qui porte tout animal à veiller à sa propre conservation, et qui, dirigé dans l'homme par la raison et modifié par la pitié, produit l'humanité et la vertu » (Rousseau).

L'amour de soi, qui est de l'ordre de la nature s'oppose à l'amour-propre qui est de l'ordre de la société.

L'amour-propre ne contient rien de bon, parce qu'il cherche à établir la supériorité de l'*ego* sur l'*alter* ; il est lié à l'intention de nuire aux autres pour affirmer sa suprématie sur eux. Il est lié au vice et à la méchanceté ; il représente, selon Pascal, l'état de péché par « la mort de Dieu » en l'homme.

L'amour-propre est foncièrement égoïste. Dans le cadre de notre réflexion sur l'altérité, nous ne pouvons que conseiller aux éducateurs de mettre en garde l'enfant contre cette caractéristique et cette tendance de chaque être humain. Que la société éveille en nous ce sentiment, ceci est indéniable. Aussi faut-il apprendre à le maîtriser et à développer au contraire l'amour de soi-même qui produit l'humanité et la vertu.

ANTI et CONTRE

Bakhtine, dont nous serons amené à reparler, est le père de cette opposition. C'est lui qui, le premier, a opéré une distinction radicale et d'usage entre les deux termes. Il affirme ainsi être contre les formalistes russes, les linguistiques du système (telle celle de Saussure), la psychanalyse. Pourtant, dit-il, ces trois réalités-là, incarnées en outre par des hommes, je ne suis pas anti, je ne les exclus pas, je ne les annihile pas, je ne les rejette pas dans le néant, je ne les abolis pas, je ne les anéantis pas.
Au rebours, j'essaie de les intégrer dans mon propre système, pour les dépasser certes, mais aussi pour enrichir celui-ci, parce qu'il lui faut, pour s'affirmer et se définir, combattre et vaincre même ses adversaires quand ils apportent quelque chose. Une assertion, pour assurer sa validité, doit englober aussi ce qui la conteste, s'en nourrir pour en constituer véritablement la signification polyphonique, plurielle, polysémique. Etre contre c'est négocier.
Au contraire, être anti, c'est, au bout du bout, une forme de nazisme qui cherche à anéantir un ennemi comme s'il n'était pas son semblable. On ne fait pas vivre des idées, ou une réflexion, par la mort de centaines d'entre elles. Le négationisme, partout, est mortel parce qu'il enferme en lui une source de mort. C'est pourquoi anti caractérise une attitude particulièrement lourde, dangereuse, fermée. Dans le domaine intellectuel elle ne devrait pas avoir de place.
Contre, c'est l'inverse ; la pensée du négatif tient une place considérable dans la philosophie de Hegel comme dans la phénoménologie et dans l'œuvre de Sartre : chez celui-ci, on sait que le néant est aussi essentiel que l'être pour fonder « la réalité humaine », c'est-à-dire l'humanité en général et tel homme en particulier. La philosophie du non, chez Bachelard tient une place éminente. On ne se pose qu'en s'opposant. La résolution des problèmes s'opère dans leur dépassement.

Nietzsche est probablement celui qui a poussé le plus loin la démonstration en faisant de la vérité une forme sophistiquée de l'illusion. Pour dialoguer avec un adversaire (celui contre lequel on est), il faut prendre au sérieux ses arguments, les expliciter pour les réfuter, les comprendre pour les refuser. Il ne suffit pas de tuer un homme pour tuer une idée, contrairement à ce qu'oublient constamment toutes les dictatures. L'altérité fait partie de moi.

Je peux être contre moi-même, me trouver affronté à des arguments que je sens en moi et que pourtant je n'approuve pas. Nous pensons beaucoup contre nous-mêmes, contre nos premières préférences, contre nos évidences primes. Balzac était monarchiste et a pourtant composé (consciemment ou non) des romans où il concluait à la victoire de la république. C'est le cas, plus que célèbre, dans *La vieille fille* par exemple. L'écrivain s'est enrichi de ses contradictions.

Or, des contradictions nous en sommes tissés et les cultures aussi qui sont un ensemble d'affirmations et de contradictions. La vie elle-même est à trouver dans l'équilibre entre le pour et le contre, non pas comme dans un match nul, mais comme dans une complémentarité. Il ne faudrait pas parler de thèse et d'antithèse, mais de thèse et de contre-thèse, qui seraient dépassées par la synthèse. Telle est la grande force du "contre", celle de pouvoir entrer dans un "pour", parce que celui-ci respecte ce qui s'oppose à lui et l'aide à se déterminer. Regardez en éducation comparée : on s'enrichit parce qu'on dispose en commun, en partage, d'un objectif analogue, celui de préparer des adultes héritiers.

APPARENCE

Durant longtemps, et maintenant encore dans le sens commun, on affirme qu'il ne faut pas se fier aux apparences et qu'il y a, derrière elles, cachée, une réalité qui ne leur ressemble pas et peut donc réserver des surprises à qui confond avec les apparences. Résidu sans doute d'un très ancien platonisme mal assimilé et simplifié à coups de hache. Puis vint la phénoménologie qui renversa le château préalable et expliqua que les apparences faisaient partie de la réalité.
Chez Sartre, on ne saisit jamais choses et gens, d'abord, que par leur apparence, parce qu'on les appréhende nécessairement de l'extérieur. Il faut d'ailleurs en faire le tour, multiplier les angles et les perspectives (*Abschattungen*) pour parvenir à une représentation quasi-complète de l'objet que l'on examine. Dans le quotidien, nous ne percevons communément les choses que sous un seul angle et en acquérons donc une vue simplement perspective et, donc, incomplète.
En réalité, si une chose s'épuise en ses apparitions et si seules celles-ci comptent, puisque, contrairement à ce qui se passe chez Kant, il n'existe pas de noumènes, choses en soi, derrière les phénomènes (ce qui apparaît et est accessible par nous), les apparences ne peuvent pas être simplement trompeuses. Elles s'incorporent à la réalité et c'est donc à partir de ces apparences qu'il faut que nous construisions le réel, celui-ci résultant toujours de la rencontre entre un objet extérieur et notre « intentionnalité » qui le vise.
Il y a une noèse (capacité à connaître) et un noème (objet de connaissance) et c'est la conjonction des deux qui amène la réalité, ou, en somme, l'élabore. Reste que, dans la vie sociale il existe une immédiateté des apparences qui, à première vue justement, dicte sa loi et fait que nous nous référons à elles. Chacun, selon Bourdieu, cherche la distinction, c'est-à-dire d'abord à se distinguer, à être distingué, et, symétriquement, à opérer chez les autres une distinction.

Les apparences comptent donc de manière fondamentale puisqu'elles s'inscrivent dans les stratégies de distinction. Le faire-savoir devient aussi important que le savoir-faire. Les "communicants" par exemple, qui, désormais, accompagnent tous les hommes qui comptent (y compris et d'abord les hommes politiques) et leurs prescrivent les gestes, les comportements et les paroles qu'ils doivent exhiber, prennent une place de plus en plus grande parce que le public juge de plus en plus sur les apparences.
Les enfants et les adolescents eux-mêmes veulent un look, des chaussures et vêtements d'une certaine marque, faute de quoi, selon eux, ils seraient désidentifiés et renvoyés par les autres au magasin des accessoires. Les adultes veulent garder le plus tard possible leur apparence de jeunesse et se font rectifier le corps, le parent de vêtements de marque, pour continuer à paraître parce que paraître constitue, à leurs yeux, une partie de l'être (pour eux dans le regard des autres, mais celui-ci compte aujourd'hui plus que tout).
Un certain nombre de médias (notamment la télévision, mais aussi bien des journaux) s'élaborent explicitement selon le principe que seules comptent les apparences et que, derrière elles, il n'y a rien d'important. La dictature du paraître règle nos vies. Il convient cependant de mettre un bémol à ces affirmations, même si, pour de plus en plus de gens et dans des domaines de plus en plus nombreux (même les plus sérieux comme les informations, sur la guerre par exemple), les apparences priment le reste et l'on ne montre que celles par lesquelles on désire manipuler le public. C'est donc bien qu'il existe autre chose que les apparences et que celles-ci constituent seulement une pellicule superficielle, qui ne parviendra jamais à supplanter la réalité, même s'il reste vrai qu'elles en font partie.

APPARTENANCE

On appelle ainsi l'ensemble constitué par les catégories sociologiques dont relève un individu. En somme, son appartenance est la résultante de chacune de ses appartenances, de chacune des catégories auxquelles il appartient et qui, à elles toutes forment son identité. Celle-ci n'est cependant pas épuisée par celles-là et il demeure un être incomparable et unique, mais la partie la plus classable de sa personnalité, repérable, appréciable est l'ensemble de ses appartenances.
« Nous sommes des classeurs classés par nos classements » écrivait Bourdieu et, bien entendu, notre identité sociale (et non pas notre identité personnelle) est le résultat de nos appartenances entrelacées : nous classons sans arrêt les autres (c'est une femme, elle est à peu près quadragénaire, elle est mère de famille, ingénieur, etc.) et ceux-ci en retour nous classent pareillement, même sans chercher à le faire. Les « grands appareils normatifs » dont parle Labov nous servent à mettre de l'ordre dans les personnages sociaux qui nous entourent et réciproquement.
La manière dont nous classons (c'est-à-dire notre goût) nous permet fondamentalement de distribuer nos classements, comme des sortes de notes sur une échelle très diversifiée (celui-là, vu son salon, a un goût pictural affreux). Une forme de hiérarchie des distinctions se trouve ainsi créée et nous savons tous qu'elle contribue plus que fortement au « placement » social que les autres nous accordent ou nous consentent.
Les catégories d'appartenance sont, dans ces conditions, multiples et se confondent évidemment avec certaines des catégories sociologiques qui s'appliquent à tous : le sexe, l'âge, la profession, la religion, la région, le mode d'habitation (en ville ou non), etc. La plupart de ces catégories classantes ne dépendent pas de nous et nous les avons reçues définitivement : elles ne servent pratiquement qu'aux autres

mais nous ne pouvons pas échapper à l'identité sociale qu'elles nous tissent.
Certes, et c'est peut-être l'effet d'une personnalité, il existe de multiples manières d'interpréter l'appartenance qui vous caractérise et donc vous classe. L'usage qu'on fait de son et ses appartenance(s) dépend aussi du contexte dans lequel on évolue, de la plus ou moins grande adéquation avec certaines valeurs et aussi de certaines préférences individuelles que ni la sociologie ni aucune autre science sociale (c'est la psychanalyse qui va le plus loin ici) ne sont parvenues à définir.
Ce qui est sûr et doit être enseigné par l'éducation comparée, c'est que l'effet de ces appartenances varie selon la société à laquelle on appartient. Les modalités de classement des Américains entre eux, par exemple, sont fort différentes de celles des Français qui, à leur tour, ne se confondent pas avec celles des Anglais. Mettre en relation diverses modalités de poids des appartenances constitue l'une des difficultés majeures de l'instauration de relations entre des sociétés autres.
L'appartenance, en effet, vécue autrement, produit des comportements différents et, pour que les relations qui se créent soient harmonieuses, il importe que chacun apprenne de l'extérieur (et par l'enseignement ou l'immersion) comment la culture de l'autre classe et traite les appartenances et comment celui-ci les vit. C'est l'opération de décentration par laquelle on s'efforce de comprendre selon quels critères l'autre juge le monde et déploie ses préférences (et aussi comment il envisage ses relations avec l'altérité). Si l'on compte faire l'économie de ce travail, on est sûr d'échouer à construire une comparaison fructueuse, c'est-à-dire dont chacun des partenaires peut tirer bénéfice. En outre, ce faisant, on connaît mieux sa propre société et on se connaît mieux soi-même.

AUTO-CELEBRATION

Durant plusieurs siècles, cette tendance à se féliciter soi-même et donc à dévaloriser les autres, n'a pratiquement pas vu le jour compte tenu de la fixité de la société. La relation à l'altérité ne se posait pas vraiment, chacun ayant, comme de toute éternité, une place assignée sur l'échiquier social. D'ailleurs, lors de ces époques longues, le souci de l'altérité n'existait pas vraiment. Chacun se consacrait plutôt à son propre soin qu'à la préoccupation des autres.

Il n'en va plus de même aujourd'hui. Autrui, en effet, est, globalement, devenu assez puissant, au moins pour se faire entendre, sinon pour être véritablement reconnu comme un authentique *alter ego*. L'autre est inscrit en moi qui suis, réciproquement, en lui et nos destins sont ontologiquement (sinon sociologiquement) liés. Chacun le sait, même si nul ne se soucie authentiquement de la promotion de l'autre. Sur le plan des principes, la partie est gagnée et c'est un vrai commencement.

L'auto-célébration est la tendance, inscrite peut-être en chacun de nous, mais beaucoup plus présente et incisive chez ceux qui exercent des rôles de guide, de conseil, de formation, d'édiction de modèles, à se donner en exemple, à se présenter comme le type accompli en un domaine et, comme tel, capable de jouer le rôle d'un leader qui parle à la place des autres. C'est le « *Fürsprecher* » de Heidegger, celui qui exprime, en parlant de lui, ce que pensent les autres (et, donc les remplace dans leur parole et s'érige, justement, en porte-parole, en écrasant toutes les paroles qu'il prétend représenter).

L'auto-célébration, c'est-à-dire le fait de vanter ses propres mérites, est un sentiment redoutable pour la reconnaissance de l'altérité. Il manifeste une hypertrophie du moi et prétend court-circuiter, parfois sans en prendre conscience, la différence, établie par Bourdieu, entre l'identité vécue et ressentie par un individu et celle qui lui est attribuée par les autres. L'auto-célébrant ne considère pas l'autre comme un *alter ego* mais comme un moins développé que lui.

Les intellectuels, aujourd'hui (et non autrefois) ont tendance à incarner cette double condition : celle de modèle et celle de substitut. C'est pourquoi ils sont à la fois méprisés et écoutés. La posture d'intellectuel, en ce moment, consiste à traiter médiatiquement de tout, même, par définition, de ce que l'on ne connaît pas. L'intellectuel se persuade, et les médias l'y encouragent parce qu'il s'agit du même monde, que son opinion importe véritablement et va jouer sur les autres et sur le monde.

L'auto-célébrant exerce son propre culte en s'exposant à la vue de tous, notamment à travers les médias qui incarnent désormais la communication universelle. Certes, il possède un *ego* disproportionné, qui l'empêche de considérer qu'un *alter ego* est son égal, mais il ne vise pas nécessairement à se considérer comme unique. Il aspire à être membre d'une caste et, en particulier, se persuade d'être dispensé d'avancer des démonstrations de ce qu'il prétend.

L'auto-célébration ne sera plus éradiquée, dorénavant, parce que les médias, avec leur effet miroir bien connu, effet spéculaire, entretiennent le phénomène, en donnant une figure à l'auto-célébrant. Bien passer à la télévision devient une vertu, la présence de téléspectateurs semblant garantir que l'auto-célébrant (auto-célébrant simplement parce qu'il passe régulièrement à la télévision même s'il ne s'y vante pas spécialement) est entendu. Or, il n'en est rien. L'auto-célébration n'a aucune espèce d'efficacité sur autrui de la même manière que l'auto-célébrant ne considère celui-ci en aucune manière et le traite comme un simple rien.

AUTONOMIE

C'est un concept central dans l'éducation en général et qui, dans ces conditions, s'impose aussi en éducation comparée. Il date, sous d'autres appellations, de longtemps, parce que Socrate, lorsqu'il essaie d'enseigner les mathématiques à Ménon, cherche bien à s'appuyer sur l'initiative de celui-ci et sait que Ménon n'apprendra qu'en étant actif lui-même et seulement conseillé par un plus savant pédagogue. La célèbre maïeutique socratique, que Platon a largement développée, fonde une sorte d'autonomie par laquelle il apparaît que c'est seulement par son intervention propre qu'un apprenant apprend et non pas en récitant ce qu'on lui entonne.
Rousseau, beaucoup plus tard, a reformulé cette approche. Emile est guidé par son précepteur mais celui-ci n'intervient jamais pour lui enseigner quelque chose qu'il n'essaie pas d'apprendre par lui-même, selon sa propre initiative, ses propres objectifs, ses propres démarches. Là aussi, un guide est nécessaire mais il n'est pas en mesure d'apprendre à la place de l'apprenant. C'est celui-ci qui constitue la seule possibilité d'apprendre, son propre chemin d'apprentissage.
De nos jours, à l'université de Nancy II, le CRAPEL (Centre de Recherche et d'Application pour l'Enseignement des Langues) est le père reconnu de l'autonomie d'apprentissage ou de ce qu'il appelle exactement « l'apprentissage auto-dirigé » avec soutien ou non. Le principe vertébral en est simple (mais très difficile à respecter) : seul l'apprenant apprend et l'enseignant ne doit être qu'une aide à cet apprentissage, un facilitateur, un tuteur qui évite les écueils.
Bien entendu, il ne faut pas poser l'hypothèse, à l'évidence erronée, que chacun sait d'emblée apprendre. Apprendre constitue un savoir-faire et certains en héritent familialement. D'autres au contraire l'ignorent ; à ceux-là, il ne sert à rien de vouloir enseigner parce qu'ils n'y parviendront pas, ne disposant pas des instruments nécessaires à cette action (apprendre est, en effet, une action). Il est donc indispensable,

préalablement, de leur enseigner à apprendre. C'est ce constat qui a donné lieu à la célébrissime expression « apprendre à apprendre », qui constitue un bon slogan, mais se trouve être potentiellement trompeuse parce qu'en son sein les deux « apprendre » sont employés avec des significations différentes, le premier signifiant seulement « enseigner ».

Etre autonome donc, c'est être, étymologiquement, à soi-même sa propre loi, c'est gérer son propre apprentissage, c'est décider soi-même et être responsable de ce que l'on veut apprendre et des modalités selon lesquelles on procède. L'extrême en est évidemment constitué par l'auto-didaxie, mais les formes les plus efficaces consistent à fournir à l'apprenant un conseiller qui l'aidera à formuler ses demandes et ne se substituera pas à lui. On voit dès lors que l'on devient autonome, par le travail et que l'on ne naît pas autonome. L'autonomie complète forme toujours comme une sorte d'horizon : il serait plus exact, comme l'a dit souvent le CRAPEL, de parler d'autonomisation.

En éducation comparée, l'autonomie des apprenants (et celle aussi des enseignants parce qu'un enseignant non autonome ne peut pas contribuer à former des apprenants autonomes) est un élément capital du processus. C'est à son initiative, mise en situation (seulement) par l'enseignant, comme l'a indiqué très clairement Piaget que l'élève va parvenir à comprendre son homologue, ses appartenances, sa culture et les modalités de fonctionnement du système dans lequel il se trouve. Ainsi il pourra bénéficier de la définition et du travail de l'autre (et lui rendre la pareille). Sinon le contact entre individus et pratiques étrangers restera sans résultats.

AUTORITE

L'époque met au premier rang les préoccupations d'autorité parce que celle-ci se trouve assez fortement chahutée partout et que chacun s'interroge sur sa nature, sur ce qui la fonde et sur ce qui l'incarne. Un besoin d'autorité, à la fois vague et précis, se laisse percevoir et, à vrai dire, chacun déplore son relatif effacement au profit d'affrontements conflictuels qui ne dégagent que des vainqueurs et des vaincus provisoires, mais n'aboutissent pas à une restauration incontestable de l'autorité comme principe.

La première remarque sans doute, lorsqu'on se préoccupe de l'altérité, consiste à souligner la distinction entre *auctoritas* et *potestas* qui, toutes les deux, concourent vers l'élaboration du concept total d'autorité et, probablement, en constituent deux dimensions qui ne sauraient exister véritablement l'une sans l'autre, bien que, pourtant, elles puissent s'incarner séparément.

Potestas, c'est l'autorité inscrite dans un pouvoir officiel, celui des codes, des lois, des sanctions, des obligations, des devoirs et des droits positifs. Elle suppose une hiérarchie, une organisation et, bien entendu, une institution. C'est ce que Max Weber classe sous le vocable de pouvoir administratif qui fonctionne par les principes dont il est doté et qui ne sont pas aléatoires mais fixés dans des textes précis. *Potestas* ne se confond pas, comme on le fait souvent, avec pouvoir. Il est véritablement l'autorité.

Celle-ci s'applique, existe concrètement, peut donner lieu à des négociations mais est régie par un certain nombre de règles qui, tout en fondant sa puissance, en marquent les limites. Elle se situe parmi les autres organisations chargées de gouverner la vie d'une communauté. Un chef d'établissement scolaire, par exemple, dispose d'une certaine *potestas*, définie et connue mais dont il n'est pas autorisé à déroger. Il l'exerce et, dans cet exercice, se déploie une certaine liberté d'interprétation qui marque bien qu'entre la fixation d'une *potestas* et son usage existe toujours la distance qui résulte de la personnalité de celui qui l'exerce.

L'*auctoritas*, elle, relève de ce que Max Weber appelle le pouvoir charismatique, parce qu'un individu la possède et un autre non, pour des raisons relativement énigmatiques. Certains individus sont dotés d'autorité, d'autres en sont dépourvus, comme on le voit, mieux que partout, dans le monde des professeurs : certains s'imposent sans que, de l'extérieur, on perçoive clairement pourquoi ; d'autres sont emportés par la vague pour la même raison et sans qu'il existe de moyens sûrs d'acquérir l'autorité quand on ne l'a pas « naturellement ».

Bien entendu, dans le monde concret quotidien, on se trouve toujours confronté à un mixte de *potestas* et d'*auctoritas*. La *potestas* seule échoue fatalement un jour parce qu'elle ne parvient pas à faire tenir le monde dans la loi ; l'*auctoritas* seule échoue fatalement un jour parce qu'elle se heurte inéluctablement à des individus qui ne la reconnaissent pas, soit volontairement parce qu'ils ont décidé de ne pas se laisser impressionner, soit malgré eux parce qu'ils se trouvent, par ailleurs, soumis à un pouvoir contraire.

D'une certaine manière, la *potestas* pure serait la pure froideur bureaucratique totalement déshumanisée et l'*auctoritas* serait la richesse personnelle qui ressemblerait à une puissance de gourou. L'alliance des deux donne les chefs, ceux qui commandent, ceux qui sont acceptés et suivis par des hommes (en groupes formels ou non). Peut-être conviendrait-il de leur appliquer le célèbre principe polémologique de Clausewitz : ne rien faire, tout faire faire, ne rien laisser faire. Il est clair en effet que ce triple précepte dépasse de beaucoup l'art de la guerre et qu'il caractérise l'existence d'une autorité à la fois acceptée et codifiée, vécue avec accord et sanctionnée éventuellement, responsable et impliquée, une autorité qui, aux yeux de ceux qui la subissent (et aussi de ceux qui l'exercent), possède, justement, la légitimité.

AUTRUI

Tout ce qui n'est pas moi dans le genre humain constitue autrui en général, c'est-à-dire l'altérité dans son concept même. C'est Husserl qui le premier a fixé le concept d'autrui anonyme, c'est-à-dire de tout ce qui est homme en dehors de moi et ne porte pas d'identité particulière ou n'importe quelle identité. Le mot incarnait autrefois une valeur forte en morale et notamment dans la morale pédagogique où les élèves apprenaient moult sentences qui énuméraient leurs devoirs à l'égard d'autrui.
Kant avait évidemment lancé la réflexion sur ces chemins essentiels en prescrivant : ne fais pas à autrui ce que tu ne voudrais pas qu'on te fît. C'est le fondement même de l'universalité qui constitue l'ensemble de la morale de Kant. N'importe quel être humain est mon égal en dignité et je lui dois à la fois tolérance et respect. Autrui dépasse donc de beaucoup la notion d'autre citoyen qui est malencontreusement à l'œuvre dans la désormais rabâchée expression « éducation citoyenne, ou conduite citoyenne, ou même morale citoyenne ».
Autrui est justement porteur de la dimension universaliste, qui est aujourd'hui au fondement de la valeur des « droits de l'homme », parce qu'il s'agit de celui-ci où que ce soit et quand que ce soit. D'où, par exemple, le droit ou devoir d'ingérence qui tolère l'intervention d'un pays dans un autre pour des motifs moraux ; d'où aussi les fameuses repentances qui portent une communauté, longtemps après, à reconnaître et expier des crimes qu'elle a commis.
L'incarnation la plus contemporaine et la plus juste du concept représenté par autrui est plutôt identifiée par le mot « *alter* ». Tout homme est un *ego* et tout *ego*, pour exister, a besoin d'un *alter*, qui est lui-même un *ego* et dont le premier est l'*alter*. Au total il s'agit donc d'un *alter ego*. Il est déjà difficile de faire sur soi l'effort qui conduit à penser que l'autre, spécialement l'étranger hélas, est un *alter* qui me vaut

exactement. Mais plus difficile encore est l'exercice nécessaire par lequel je comprends, après un effort de chaque instant, que je suis un *alter* pour l'autre.
Cette altérité est ce qui, en même temps, est au principe de la décentration, c'est-à-dire de l'opération par laquelle je me mets à la place de l'autre, j'essaie de le comprendre et de comprendre comment il voit les choses et le monde, sans pour autant perdre ma propre identité qui, on le sait, est aussi faite en partie de centrations contre lesquelles je dois lutter pour aboutir à mon être même : ethnocentrisme, sociocentrisme et égocentrisme sont toujours présents en moi et je dois les vaincre pour parvenir à dégager un jugement aussi décentré que possible.
Le rapport à l'altérité, ou à autrui, constitue évidemment l'un des enjeux essentiels de la vie d'aujourd'hui parce que la circulation des personnes se densifie chaque jour et que des gens inconnus se rencontrent aujourd'hui chaque jour. Aussi parce que les migrations sont nombreuses et massives et que, désormais, on est amené à côtoyer des étrangers n'importe où et dans n'importe quelle activité. Pour qu'une nation vive sans conflits trop graves, la reconnaissance de l'altérité est nécessaire à tous.
Bien entendu, cela ne signifie nullement qu'une nation ne connaît pas de conflits avec ses étrangers parce qu'ils sont étrangers. Mais ces oppositions sont réprimées par les lois, un peu partout, et contenues dans des limites, certes difficiles, mais finalement acceptables, bien qu'il faille faire preuve d'une constante vigilance pour juguler la xénophobie sous toutes ses formes qui est sans cesse renaissante. Le combat pour autrui, étranger ou non, n'est jamais terminé.

BONHEUR

Le bonheur est « la satisfaction de toutes nos inclinations » (Kant). Il se distingue du simple désir, du plaisir, de la joie. Il s'inscrit, à la différence des concepts qui précèdent, dans la durée et non dans l'éphémérité.
Existe-t-il un lien entre l'idée de bonheur et celle d'altérité ?
Sans conteste, puisque nous pouvons trouver le bonheur en nous-mêmes, sans nous soucier des autres, à l'image des Stoïciens qui recommandent de vouloir uniquement ce qui dépend de nous. Epictète écrit : « Ma mère pleure parce qu'elle ne me voit pas. – Pourquoi n'a-t-elle pas appris ces doctrines ? Je ne dis pas qu'il ne faut pas veiller à ce qu'elle ne gémisse pas, mais bien qu'il ne faut absolument pas vouloir des choses qui ne sont pas miennes ».
Et il ajoute : « Le bonheur n'est jamais compatible avec le regret des choses absentes. Car l'être heureux doit recevoir tout ce qu'il désire et donner l'image d'un homme comblé ; il ne doit avoir ni soif ni faim » (*Entretiens*).
Mais nous pouvons trouver aussi le bonheur avec autrui, dans l'amitié, dans l'amour, dans l'action pour et avec les autres.
Pour Kant, le bonheur doit être mérité par l'accomplissement de la vertu. Les morales de l'Antiquité font du bonheur le souverain Bien et le lient à la sagesse et à la vertu. Seul, un sage peut être heureux.
Pour les croyants, le bonheur est lié à l'amour de Dieu. C'est ainsi que Saint-Augustin nous met en garde contre l'amour humain, éphémère et décevant. Seul, l'amour divin nous comble de bonheur.
Mais le bonheur existe-t-il vraiment ? Nombreux sont les philosophes modernes qui doutent de la possibilité d'être heureux. « Le bonheur est un idéal, non de la raison, mais de l'imagination, fondé uniquement sur des principes empiriques », écrit Kant. Il peut être aussi conçu négativement, en tant qu'absence de douleur, comme chez Epicure. On doit s'estimer heureux si l'on ne souffre pas.

Il est clair que, plus l'on fait dépendre son bonheur des autres, plus l'on a de chances d'être déçu, malheureux et insatisfait. Les bouddhistes l'ont bien compris qui prônent le retour sur soi, la méditation et la contemplation. Cela ne signifie pas qu'il ne faut pas s'investir affectivement avec les autres, mais il faut savoir s'en détacher.

La passion peut nuire au bonheur, parce que ce sont deux états éminemment contradictoires, ne serait-ce que par la durée et la stabilité. Nous ne la contrôlons pas, comme les autres sentiments d'ailleurs, et non seulement les nôtres, mais encore moins ceux des autres.

Et pourtant, il est difficile d'imaginer le bonheur de l'ermite, de l'être qui ne connaît pas l'amour, la passion, l'amitié. Même si le bonheur avec et par les autres est une illusion, sa quête, reconnaissons-le, procure de la joie et du plaisir.

BONTE

Ce concept, malheureusement, apparaît de nos jours comme un peu désuet. Même si l'on encourage les écoliers à être gentils avec leurs compagnons, la société contemporaine ne valorise guère cette attitude. On lui préfère l'ambition, l'esprit d'entreprise, la recherche du profit.
Pourtant, la bonté est la vertu par excellence dans les relations entre les hommes. Sophocle écrivait : « Il n'y a que les grandes âmes qui sachent combien il y a de gloire à être bon ». C'est la qualité altruiste par excellence qui fait que l'on veut apporter quelque chose à l'autre, par une sorte d'empathie avec lui. C'est plus que la bienveillance pour autrui, c'est la vertu humaine et aussi un attribut de Dieu.
Voltaire définit ainsi la vertu, à laquelle il consacre un article de son *Dictionnaire philosophique* : « Qu'est-ce que vertu ? Bienfaisance envers le prochain. (...) N'admettra-t-on de vertus que celles qui sont utiles au prochain ? Eh ! Comment puis-je en admettre d'autres ? Nous vivons en société ; il n'y a donc de véritablement bon pour nous que ce qui fait le bien de la société. Un solitaire sera sobre, pieux, il sera revêtu d'un cilice : eh bien, il sera saint ; mais je ne l'appellerai vertueux que quand il aura fait quelque acte de vertu dont les autres hommes auront profité. Tant qu'il est seul, il n'est ni bienfaisant ni malfaisant ; il n'est rien pour nous ». C'est dire que la bonté et la vertu n'ont de sens que par rapport à autrui.
Peut-on enseigner la bonté ? Selon les Grecs, elle s'enseigne : « Nul n'est méchant que par ignorance ». Elle est nécessaire à la vie en société, parce qu'elle est attention aux autres et qu'elle établit un lien social. Elle a bien évidemment sa place dans un programme d'éducation à l'altérité où l'on encourage les enfants à faire attention à l'autre, à l'accepter dans sa différence, à faire preuve de générosité vis-à-vis de lui.

CAPITAL

Lorsque Bourdieu a construit et popularisé le concept de capital, il est parti de l'exemple du capital économique et c'est sur ce modèle qu'il a élaboré le capital social et le capital culturel. Un capital économique possède quatre caractéristiques : il est plus ou moins grand (je suis plus ou moins riche) ; donc il est quantifiable. Il est plus ou moins diversifié (je peux ne posséder que de l'argent ou de l'argent, des maisons, des actions, des entreprises, etc.). Le premier trait s'appelle le volume du capital, le deuxième sa structure.

Troisièmement, le capital économique a d'autant plus tendance à s'agrandir et à se diversifier encore qu'il est plus grand et plus diversifié. C'est la vieille loi d'accumulation du capital. (On ne prête qu'aux riches, dit par exemple, justement, la sagesse populaire). Enfin, le capital économique qui est le mien, c'est moi qui le gère, j'en ai la responsabilité : je dépense tout, ou je fais des économies ou je le place, ou je le partage, ou je le dépense en tant que de besoin, etc.

Le capital social est construit sur le même modèle. Il est constitué par l'ensemble des personnes ou des institutions que je connais et par lesquelles je suis connu. Il possède un volume (le nombre de personnes qui me connaissent), une structure (je connais des gens de divers métiers, de divers sexes, etc.), une tendance à s'accroître et se diversifier (les amis de mes amis sont mes amis). Je le gère moi-même, c'est-à-dire que j'entretiens ou non mes connaissances et je peux ou non en acquérir de nouvelles.

L'héritage est ici très important. Si je nais dans une famille dont le capital social est grand, je disposerai d'une base de départ extrêmement favorable. Plus il est grand et, en plus, divers, plus j'ai des chances de connaître de nouvelles gens. Donc l'héritage favorise l'acquisition personnelle. Chacun connaît l'influence du capital social, pour trouver un emploi, par exemple (le piston).

Il serait donc absolument nécessaire que l'école aide les élèves à se constituer un capital social au lieu de se contenter, comme elle le fait, de leur délivrer un capital culturel.
Les choses commencent à changer à cet égard par la multiplication des classes transplantées, des visites scolaires à l'extérieur, des venues de personnes non enseignantes quelques heures dans une classe, mais la distance à franchir reste énorme, notamment dans la conscience des enseignants qui se refusent à comprendre que, désormais, le capital social fait partie de leurs devoirs.
Le capital culturel est construit de la même manière. Quantifiable (on a des connaissances et des savoir-faire en plus ou moins grand nombre), structuré (on sait beaucoup dans un secteur de connaissances et presque rien dans un autre). Plus ce capital est grand, plus il s'accroît facilement. Par exemple, pour le capital langagier (qui fait partie du capital culturel) une quatrième langue étrangère est plus facile à apprendre que la première. Enfin j'en fais ce que je veux, de ce capital. J'en suis responsable.
Il possède évidemment plusieurs incarnations : capital littéraire, scientifique, pédagogique, etc., qui varie selon les savoirs que j'ai accumulés, par héritages et personnellement. Il faut noter que le capital social peut augmenter, par transmission orale, le capital culturel (vous pouvez apprendre beaucoup, hors enseignement, de quelqu'un qui sait beaucoup dans tel ou tel secteur). S'agissant de comprendre et admettre pleinement l'altérité, il est clair qu'un fort capital social et un fort capital culturel créent des facteurs favorables (bien que le lien, on le constate chaque jour, ne soit nullement automatique). Plus on connaît d'autres personnes, même fictives, mieux on est disposé, en principe, à accueillir et accepter l'autre en tant qu'autre.

CHARISME

Du grec *kharisma*, de *kharis*, « grâce », le charisme est un mot emprunté au vocabulaire évangélique. Certains charismes comme le don des langues (épisode de la Pentecôte) ou le don des guérisons sont connus des Chrétiens de Corinthe. Saint Paul insiste sur la prééminence de la charité sur les autres charismes.
Ce qui apparaît aussi dans les Evangiles, c'est que ce don divin est accordé pour toujours, que chacun reçoit de Dieu un don particulier et que ces dons sont donnés en vue du bien commun.
Quittons le domaine religieux pour aborder le domaine politique. Max Weber fait du pouvoir charismatique un type essentiel de domination aux côtés du pouvoir traditionnel et du pouvoir légal. L'autorité du personnage charismatique en politique est fondée sur des qualités de persuasion que nul ne conteste mais que personne n'explique de façon rationnelle. C'est pourquoi cette notion est classée par les sociologues, les politiciens et les historiens dans les phénomènes irrationnels.
En quoi cette notion peut-elle être reliée à l'altérité ? Parce que celui qui détient ce don a bien entendu beaucoup de pouvoir sur les autres. Et il peut utiliser ce pouvoir à bon ou à mauvais escient. Nous l'avons vu en politique ou dans la vie sociale, certaines personnalités charismatiques ont utilisé leur pouvoir à des fins nocives : Hitler, Staline,... D'autres à des fins généreuses comme Mère Thérésa, Soeur Emmanuelle, Ghandi, Martin Luther King...
Dans le domaine de l'éducation, nous savons qu'il y a des élèves qui ont des facilités (pour reprendre le sens originel et chrétien de « don ») dans certaines disciplines comme les langues, les arts (dessin, musique), facilités qui ne sont pas nécessairement liées à leur origine sociale, et certains ont un charisme et un pouvoir de persuasion sur les autres qui en font des leaders dans la classe. Ces inégalités n'ont pas

d'explication comme nous l'avons vu précédemment. Certains enseignants aussi convainquent plus facilement que d'autres et exercent sur leurs élèves un charisme indéniable. Nous ne pouvons que constater cela. Il est difficilement envisageable de créer des formations pour développer le charisme des élèves comme celui des enseignants.

CHOC CULTUREL

Pourquoi introduire cet item dans une réflexion sur l'altérité ? Tout simplement parce que toutes les personnes qui séjournent à l'étranger et qui découvrent une culture différente de la leur auraient intérêt à réfléchir sur ce qu'on a communément l'habitude d'appeler un choc culturel. Celui-ci est provoqué par la rencontre de l'*ego* avec l'*alter*, par le sentiment d'étrangeté que l'on éprouve au contact de l'autre.
Les chercheurs qui travaillent sur les cultures s'accordent à dire que le contact avec l'étranger est déstabilisant, même s'il s'agit d'un étranger proche, aux codes culturels voisins des nôtres.
Certains ont même étudié, de façon très rigoureuse et très scientifique, les différentes étapes qui constituent le parcours émotionnel d'un individu en immersion dans une culture étrangère.
Résumons ici les différents moments de l'immersion.
Première étape : dans un premier temps, la personne découvre une société nouvelle avec d'autres habitus, d'autres codes culturels. Elle cherche à les interpréter et à les comprendre. Elle ne les repère pas forcément tous et des malentendus peuvent naître à la suite d'incompréhensions et de mauvaises lectures des nouveaux codes. La personne peut alors être fascinée par la découverte de ce nouvel environnement, si éloigné du sien et si fascinant par ces différences, ou au contraire, avoir beaucoup de difficulté à s'adapter. A ce moment-là, certains manifestent une réaction de rejet et mettent un terme à leur séjour le plus rapidement possible.
Deuxième étape : ceux qui ont résisté au choc culturel réagissent parfois mal, à cause d'une sorte de phénomène d'usure qui s'est emparé d'eux. L'enthousiasme initial s'est émoussé et ceux qui n'avaient pas manifesté de grand enthousiasme mais qui s'étaient adaptés, sans plus, commencent à se fatiguer. Le recours permanent à des

stratégies d'adaptation multiples et variées est usant. Certains ne supportent plus et quittent le pays.

Troisième étape : Le temps passe et l'adaptation se précise. Il devient naturel de se conformer aux différents codes sociaux et culturels. Il n'est plus besoin de mobiliser son énergie et de recourir aux différentes stratégies d'adaptation que l'on a mises en œuvre jusque là. On s'est adapté à sa nouvelle vie. Certains mêmes y trouvent un tel charme qu'ils renoncent à rentrer chez eux.

Il n'est pas inutile de lire quelques descriptions du choc culturel avant un départ pour l'étranger, surtout lorsqu'il s'agit d'un séjour long. En effet, il y a quelque chose de rassurant à savoir que ce schéma est un schéma classique et courant, qu'il y aura dans tout séjour à l'étranger, des phases d'euphorie et des phases de dépression, que l'adaptation est longue et fatigante, mais que cela vaut la peine de se fatiguer, car au bout du compte, il y a la rencontre avec une autre culture, une rencontre profonde, souvent vécue de l'intérieur ; et la qualité des relations que l'on pourra avoir avec les autres, dans leur propre pays, dépend souvent de notre résistance et de notre persévérance à dépasser le choc culturel du début.

CHOSIFICATION

Les gens bien intentionnés, les gens bien tout court, disent plutôt réification, mais la signification est rigoureusement la même et l'expression-titre a l'immense mérite d'être beaucoup plus claire. La chosification c'est la transformation en chose, le passage d'un sujet responsable en une réalité inerte, qui, de part en part, relève de la passivité, comme une pierre. Changer une personne en chose est courant dans les contes et, pour cette raison au moins, on voit que c'est une longue préoccupation humaine.

Une chose, par opposition à un sujet, se caractérise par l'absence de liberté. Elle n'est qu'elle-même, pleine et non habitée par le néant comme l'est l'homme, néant qui fonde sa liberté. Une chose ne se modifie pas, mais peut être utilisée par un sujet, comme un instrument. Une chose est donc un en-soi, par distinction d'avec un sujet qui est un pour-soi. La chose n'a pas conscience d'elle-même et de ce fait, n'exerce aucune responsabilité.

Transformer un homme en chose constitue donc la pire activité que l'on puisse déployer : on l'utilise comme un instrument, on l'instrumentalise comme on dit. Bien entendu, certains sujets, dans certaines conditions, préfèrent se laisser transformer en choses parce que cela les délivre de la nécessité de prendre des responsabilités et de les assumer (donc de se mettre en danger, ce qui est le propre du sujet libre, qui est constamment affronté au risque).

Or, cette puissance épouvantable, les hommes l'exercent fréquemment les uns à l'égard des autres, ou, même, comme ci-dessus, à leur propre égard. En effet, contradictoirement avec la reconnaissance de l'autre en tant que sujet, *alter ego*, l'homme possède en soi la tendance irrépressible (ontologique donc) à chercher à transformer l'autre (l'*alter*, autrui, le sujet) en chose, c'est-à-dire à annihiler en lui ce qui en fait précisément un être libre et un pour-soi.

Nous avons donc en nous la puissance et la tentation, sans cesse renouvelées, de chosifier autrui pour l'anéantir en tant qu'égal et partenaire. On le voit particulièrement dans la description que dresse Sartre de la célèbre « mauvaise foi ». Il prend l'exemple (malencontreux) de la femme qui se laisse séduire en se transformant, de manière à la fois consciente et non consciente, en chose pour ne pas porter la responsabilité de s'être laissé séduire. On peut donc faire semblant de devenir chose.
Le plus souvent cependant, la transformation d'un sujet en chose est parfaitement maîtrisée par le dominant et souvent aussi par le dominé. Il importe de connaître cette dimension du phénomène lorsque l'on œuvre en éducation comparée. En effet, la tendance-tentation est toujours forte de considérer l'autre comme une simple chose (à laquelle on est supérieur) et donc à hiérarchiser les systèmes scolaires entre eux, ce qui est l'opposé de la comparaison.
La véritable antagoniste de la chosification, c'est, dans ce cas, la décentration, c'est-à-dire l'effort pour se mettre à la place de l'autre, le comprendre, essayer de voir le monde comme il le voit, sans perdre soi-même sa propre identité et surtout en se gardant de porter un jugement de supériorité ou d'infériorité. Aucun système éducatif n'est meilleur qu'aucun autre : ils sont tous les deux des produits historiques, au sein desquels une communauté s'exprime et se reconnaît. Chosifier un système éducatif, c'est le réduire à un ensemble mort, ce qu'il n'est jamais, en se refusant à repérer la forme de vie que l'on peut en saisir et, donc, à en tirer bénéfice pour ce qui touche à la perception que l'on a du sien propre.

CLASSEMENT

Bourdieu l'a écrit en une expression frappante : « nous sommes des classeurs classés par nos classements », et beaucoup se sont contentés d'y voir un pur jeu de mots, un jeu avec les mots. Mais ce n'est pas le cas. Il s'agit bel et bien d'une production conceptuelle qui décrit et fonde une activité sociale que chacun d'entre nous exerce quotidiennement et qui constitue l'épine dorsale de toute société parce que celle-ci est hiérarchisée.

De même que, pour la distinction (des personnes et des objets), l'éducation comparée doit veiller préalablement à vérifier que, dans la société avec laquelle on établit un échange, les distinctions obéissent bien aux mêmes critères que dans la société de départ (ce qui n'a rien d'évident puisque la distinction est décrétée arbitrairement), de même, pour les classements, convient-il de procéder avec la même prudence méthodologique parce que ceux-ci aussi n'existent pas intrinsèquement, en eux-mêmes, mais sont construits, donc décrétés, par des instances spécialisées dont les membres s'attribuent le droit et le pouvoir de juger en imposant leurs préférences à l'ensemble de la société.

Nous sommes des classeurs : à chaque instant, de manière consciente et inconsciente à la fois, nous plaçons nos semblables dans des catégories qui, pour nous, constituent leur identité. Nous procédons de la même manière pour des objets (telle tenue est belle, telle autre est moche). Donc nous opérons des classements, des catégorisations, des rangements, des hiérarchies et nous attribuons des identités. C'est la forme première de la domination.

Nous sommes classés : réciproquement les autres exercent le même pouvoir à notre égard. Ils nous confèrent donc une identité, construite en multiples paramètres (celui-ci est sympathique, intelligent, beau, celui-ci est sans intérêt, bête et laid, tel autre est sympathique, laid, ni bête ni fin, etc.). Nous sommes donc l'objet du même processus que celui que nous exerçons à l'égard de tout un chacun. Nous sommes aussi des objets.

Nous sommes des classeurs classés : c'est la résultante des deux précédentes analyses. Les classements que nous prononçons, nous les subissons en retour et notre identité ainsi attribuée ne correspond pas nécessairement à celle que nous nous ressentons. A la fois sujets et objets, nous pouvons nous tromper dans les deux cas, attribuer du mérite à qui n'en a pas et être considérés médiocrement alors que nous nous croyons remarquables et, surtout, remarqués. L'important est que cette éventualité ne change rien et que les classements prononcés, par nous ou à notre égard, déterminent notre existence sociale et que nous ne pouvons plus changer celle-ci.

Nous sommes des classeurs classés par nos classements : d'une part, en tant que classeur, nous privilégions nos préférences et du même coup celles-ci nous attribuent une place dans la hiérarchie sociale. Il peut même se faire, fréquemment, que nous choisissions nos préférences en fonction de la place sociale que nous pensons qu'elles nous attribueront et non pas en fonction de nos goûts propres et sincères. C'est même le phénomène le plus courant. En tant que classé, la manière dont nous suivons ou non les hiérarchies en vogue, c'est-à-dire les préférences que nous affichons, nous jugent (un tel n'a pas de goût parce qu'il aime telle œuvre, que les légitimeurs ont décrétée mauvaise). Au total, notre identité sociale est bien, de part en part, classificatoire et nous sommes tous des « *homo hierarchicus* ».

CODE

Le code désigne tout un ensemble de conventions et de signes qui permettent la réalisation d'un message destiné à être émis ou reçu. La langue orale et la langue écrite sont des codes différents. On distingue les codes naturels comme les langues parlées qui sont le fruit et la création d'un peuple (langues régionales, nationales) et les langues artificielles qui reposent sur des conventions arbitraires et non liées à la culture (morse, informatique).

On parle de codes à propos des langues mais on parle aussi de codes à propos des cultures. Et tout comme il y a une grammaire des langues, on pourrait imaginer une grammaire des cultures, avec une syntaxe et un lexique. On parle également d'encodage et de décodage. L'encodage est la réalisation du message à partir des signes et le décodage est l'interprétation du message à partir de ces conventions.

Pourquoi ce concept est-il mobilisé ici à propos de l'altérité ? C'est que nous devons apprendre à lire les codes culturels, à décoder les signes qui nous sont transmis par les différentes cultures pour bien les comprendre et pour éviter les malentendus culturels. Un malentendu est une divergence d'interprétation sur des paroles ou des actes. C'est aussi la mésentente qui résulte de ce défaut d'accord.

Pour le chercheur en éducation comparée ou pour le praticien des séjours à l'étranger, les malentendus sont une réalité courante. En effet, le malentendu naît de l'incompréhension du système étranger. C'est dire que si nous ne percevons pas l'ensemble du système (social, éducatif, politique, culturel…) et sa cohérence interne, nous rencontrons fréquemment des situations propices à la naissance de malentendus. Nous nous arrêtons aux détails et nous ne comprenons pas pourquoi ces détails nous choquent. Par exemple, de jeunes Américains qui viennent d'arriver à Paris sont surpris par le manque de politesse des Français qui leur coupent la parole quand ils parlent, qui sont froids et peu coopératifs.

Le malentendu peut donc naître de cette méconnaissance des codes communicationnels et des codes de politesse, différents dans les deux pays. Pour éviter de trop nombreux malentendus entre représentants de cultures différentes, un travail sur les codes culturels, leur diversité et leurs spécificités en fonction des cultures approchées, est nécessaire.

Le décryptage des codes culturels se fait aussi par un décryptage de la gestuelle dans sa propre culture et dans la culture de l'autre. Par exemple, le sourire, élément de politesse chez les Américains, les Japonais et les Français, signifie le dynamisme chez les Américains, la sincérité chez les Français et sert à cacher sa gêne chez les Japonais.

De même, un travail sur la kinésique se révèle également indispensable pour éviter certains malaises communicationnels. On sait que la distance entre les individus qui engagent une conversation ou qui travaillent ensemble n'est pas la même selon les cultures. Si l'on ne respecte pas la distance habituelle acceptée par les cultures, l'individu peut être perturbé, voire bloqué dans la communication.

On peut envisager aussi un travail sur la phonétique en montrant les différences d'intonation et de placement de la voix dans les différentes cultures. On sait que certains propos prononcés dans une langue étrangère peuvent nous sembler agressifs à cause de l'intonation.

La maîtrise imparfaite des codes culturels peut entraîner des malentendus culturels. Des explications peuvent rétablir l'échange. C'est la raison pour laquelle il est nécessaire de mettre au jour, avec les élèves, les différences de codes culturels, en vue d'améliorer la qualité des échanges.

COMMUNICATION

Mot et concept complexes qui se trouvent aujourd'hui mis à toutes les sauces. Jakobson a d'abord envahi le paysage avec son émetteur, son message, son canal et son récepteur. On n'en était qu'aux balbutiements et le schéma reste aujourd'hui largement valide alors qu'il est, en pratique, tombé aux oubliettes. Puis, au début des années 1960, Bourdieu a fondé rationnellement la communication en la distinguant d'une quelconque « communion les yeux dans les yeux ».

La communication, pour lui, suppose une médiation, une construction, un échange où chacun des interlocuteurs émet ses arguments, participe, en somme, au marché du sens, négocie pour faire valoir son point de vue en tenant compte de ce que dit l'interlocuteur. En somme il n'y a pas d'emblée consensus, mais un échange véritable, aboutissant ou non à un accord (de compromis ou non) et supposant un émetteur et un récepteur différents et chacun doué d'autonomie.

Au cours des quarante dernières années, le concept de communication s'est trouvé fortement affecté par le développement des moyens de communication. Les transports d'abord, moyens de communication qui véhiculent des personnes. Les médias ensuite qui ont peu à peu envahi la totalité du paysage jusqu'à l'état actuel d'internet par lequel se construit un monde virtuel dont beaucoup pensent aujourd'hui qu'il concurrence le monde réel et va peut-être même remplacer celui-ci en transformant la notion de réalité.

Les technologies de la communication que, par je ne sais quelle aberration, on s'obstine à dénommer « nouvelles » transforment les acteurs eux-mêmes et affectent la manière qu'ils ont de communiquer entre eux. La communication charnelle entre deux personnes qui se voient s'effectue ici et maintenant. La communication contemporaine, comme l'a exemplairement montré Mc Luhan (que nos experts évitent soigneusement de citer parce qu'il a déjà mis en évidence, un demi-siècle avant eux, ce qu'ils se contentent de rabâcher),

passe par des canaux qui ne supposent pas la présence physique et même, parfois, se substituent à elle.
Le téléphone, la télévision, la radio, l'ordinateur, ont en commun plusieurs traits qui définissent la communication immédiate d'aujourd'hui. D'abord ils sont dotés d'ubiquité, peuvent atteindre immédiatement n'importe quel point du monde, du plus proche au plus lointain. Ensuite ils travaillent, justement, à l'immédiateté et, d'un même mouvement, à l'éphémérité. Le temps, par eux, se rétracte. Deux lieux éloignés, deux personnes éloignées peuvent très bien se trouver dans le même instant.
Dans tous ces cas, les médias (qu'il faudrait appeler, sauf à gommer la longueur, les moyens de communication) placent l'émetteur et le récepteur en situation virtuelle et, par conséquent, même sur le plan empirique, charnel, toute communication est aujourd'hui médiatisée. Qu'on pense, par exemple, aux bouleversements introduits dans nos manières de nous comporter, par les téléphones portables. Ceux-ci, en outre, de plus en plus, communiquent entre eux dans le même temps où se déroule une communication purement humaine. Tel est le cas des SMS par exemple.
L'information est devenue la denrée majeure, la plus rentable économiquement et celle qui donne le pouvoir. La communication est devenue le constant perfectionnement des moyens de transmettre ou d'échanger l'information, c'est-à-dire de l'immatériel. La communication aujourd'hui c'est donc du matériel fait pour traiter de l'immatériel et, donc, une désincarnation de la vie et des hommes.

COMPARAISON

La comparaison est « l'opération par laquelle on réunit deux ou plusieurs objets dans un même acte de pensée pour en dégager les ressemblances ou les différences » (Lalande). Elle est, dans les relations entre l'*ego* et l'*alter*, constamment mobilisée.

Dès qu'on aborde une réalité étrangère, culturelle, sociale, éducative, notre tendance naturelle est de comparer. La comparaison permet de repérer les différences entre les différentes réalités, mais cette phase gagne à être suivie d'une interprétation de ces différences à des fins de compréhension du système.

La comparaison suppose de l'attention et de la rigueur. Elle fait appel à des techniques complexes. La comparaison est une technique mentale élaborée, délimitée de façon consciente par des hypothèses, des connaissances théoriques et des attentes pragmatiques. C'est un mode de pensée relationnelle qui a des règles exigeantes. C'est ce que souligne M. Mauss (*Essais de sociologie*) quand il étudie les comparaisons fallacieuses dues à une utilisation erronée des statistiques (« les statistiques sont fondées sur des codes et les codes n'ont ni la même classification, ni la même nomenclature en Angleterre et en France »).

Selon le principe qu'on ne peut comparer que ce qui est comparable, il faut veiller à la qualité des données et à ce qu'elles recouvrent. Il faut se demander si l'on peut toujours comparer, si les réalités culturelles et leurs composantes sont toujours comparables. Il faut « refuser le comparatisme abstrait » (Bourdieu, Passeron), et comprendre la spécificité des systèmes que l'on compare. « La réinterprétation sociologique » (Bourdieu, Passeron) permet de resituer les faits observés dans leur contexte et d'apporter les éclairages, les corrections et les interprétations indispensables à leur interprétation.

Si l'on compare les sciences humaines et les sciences exactes, on peut dire avec Durkheim que la méthode comparative, parce qu'elle est analogique, est aux sciences humaines ce que la méthode expérimentale est aux sciences exactes. Ceci est valable pour la sociologie comparée, l'histoire comparée, l'éducation comparée... C'est ce que soulignent d'ailleurs les auteurs du *Dictionnaire des sciences humaines* : « Essentielle en sciences humaines, cette approche pose le problème du choix des unités et des critères de comparaison et son principal danger est la tendance à trop généraliser et à trop abstraire, jusqu'à les déformer ou les rendre méconnaissables, les phénomènes particuliers à chaque culture, dans le but de les rendre comparables ».

Nous le voyons, l'utilisation de la comparaison est délicate. Mais si la comparaison est effectuée de façon rigoureuse, avec des hypothèses rationnelles, des critères objectifs et des conclusions méthodiques, l'observation comparée de réalités culturelles apporte beaucoup plus que l'analyse d'un seul objet.

En étudiant ainsi, par le biais de la comparaison avec ma propre culture, les habitus d'une autre culture, je la comprends mieux. Je comprends que ce que je considérais jusqu'à présent comme la norme est relatif. Je peux, grâce à cette opération de décentration et de comparaison que j'ai effectuée, rentrer de l'extérieur dans ma propre culture et la considérer comme un objet d'étude.

Les avantages de la démarche comparative sont incontestables à notre époque de mondialisation des champs de l'activité humaine. Elle participe à l'explicitation des phénomènes culturels prélevés dans différents contextes et à leur meilleure compréhension.

COMPETITION

Voici un concept dont nul n'aurait songé à parler, sur un sujet pareil, il y a une centaine d'années. Il constitue pourtant, aujourd'hui, un enjeu véritable, qui ne saurait être évité ni même négligé. Les sociétés vers lesquelles on se dirige, qu'on le veuille ou non, qu'on le sache ou pas, ont même tendance à l'ériger en valeur essentielle qu'il faudrait exercer en y formant les générations futures.

La destinée de ce concept a d'abord été exprimée par les guerres (la loi du plus fort), puis dans les sports (métaphore pacifique de la guerre, on l'a souvent dit) : dans ce dernier domaine, les épreuves s'appellent même des compétitions. Il ne s'agit plus seulement de participer, comme le proclamait l'idéal olympique au début du vingtième siècle, il faut désormais gagner, c'est-à-dire que l'autre perde et que j'affirme ma supériorité sur lui et que je ne le considère plus dans son altérité égale à la mienne (puisque chacun est toujours l'étranger de quelqu'un et, en même temps, un *ego*, mêmement respectable).

Du domaine sportif, la compétition a émigré avec virulence vers le domaine scolaire dont elle est devenue une valeur décisive. Etre dans le peloton de tête, renvoyer les autres vers les bas-fonds, tel est le but caché de la plupart des enseignements, notamment dans les établissements significativement baptisés « d'élite ». La férocité de la compétition scolaire s'est accrue au fil des années et il paraît dès lors largement vain de prétendre influencer les mêmes élèves dans le sens d'un respect d'autrui.

Qui dit compétition dit vainqueur et vaincu. Donc risque d'apparition d'un sentiment de supériorité ou d'infériorité, mais certainement pas d'égalité dans la dignité. Le système éducatif français est particulièrement sélectif (comme dans d'autres pays aussi) et cette notion profondément inégalitaire, la sélection, ne peut que contredire la volonté de reconnaître l'altérité et de la respecter. Darwinienne, la sélection vise au

contraire à l'élimination de ceux qui ont le moins bien franchi les épreuves.
Dans la vie sociale et professionnelle des adultes, il en va pareillement et chaque jour davantage. Les entreprises sont explicitement en lutte les unes contre les autres, les individus cherchent à faire une carrière plus brillante que celle des autres et, s'il le faut, en écrasant ceux-ci, en les rayant du cadre des *alter ego*. La société libérale est une société de la compétition et les mêmes qui prêchent pour l'égalité sont souvent ceux qui se montrent les plus féroces pour que leur *ego* éteigne celui des autres.
Inéluctablement, s'instaurera de nouveau, un jour ou l'autre, une compétition guerrière entre les pays (même si l'on accepte, ce qui est loin de l'évidence, l'idée que pour l'instant elle n'existe pas). C'est la conséquence logique de l'installation de la compétition comme modalité ordinaire de la vie quotidienne ordinaire. L'anéantissement du prochain constitue l'horizon logique de toute conduite humaine aujourd'hui. L'affirmation de l'altérité participe alors de la bonne conscience.
La marche incessante vers la distinction, que Bourdieu a parfaitement décrite, est la forme euphémisée de la compétition. Il faut être distingué par les autres et à leur détriment. On assiste donc à un changement de valeurs, probablement. Cela ne signifie sans doute pas qu'il faille abandonner la lutte, mais qu'on doit le faire avec lucidité, en voyant les comportements et les choses comme ils sont. Aujourd'hui, comme au temps de Socrate, ce sont les Sophistes qui dominent, c'est-à-dire ceux qui ne cherchent pas la vérité mais seulement à gagner. Peut-être est-il simplement souhaitable d'espérer qu'un nouveau socratisme se lèvera lorsque la compétition n'aura érigé que des ruines.

COMPREHENSION

C'est l'acte de comprendre mais aussi de faire preuve de bienveillance envers autrui. C'est la raison pour laquelle ce concept est invoqué ici. Nous voyons immédiatement en quoi il est lié à l'altérité. La compréhension demande de l'empathie et suppose donc que l'on puisse se mettre à la place d'autrui.
Nous entendons régulièrement des phrases du type : « Encourageons la compréhension entre les peuples », « Il y a un tel choc des cultures entre ces peuples qu'ils ne peuvent pas se comprendre ». La compréhension ou plutôt le manque de compréhension sont souvent invoqués pour expliquer les malentendus interculturels.
Mais l'incompréhension n'est pas seulement liée à des différences culturelles de type ethnique. Elle peut exister aussi entre des individus proches géographiquement mais qui n'ont pas eu la même éducation ou qui appartiennent à des cultures sociales différentes. Si l'on appartient à la classe ouvrière, on n'a pas acquis les mêmes *habitus* (Bourdieu) que lorsqu'on appartient à la classe bourgeoise. Et la distance est souvent plus importante entre deux individus de classes sociales différentes qu'entre deux personnes appartenant à l'élite dans deux pays de cultures différentes. Nous pouvons aussi souligner les incompréhensions entre des individus qui appartiennent à des cultures professionnelles différentes : un médecin et un enseignant n'ont pas les mêmes *habitus* et ont parfois des difficultés à se comprendre. Ceci est vrai aussi pour les cultures générationnelles, les cultures syndicales, politiques, sexuelles…
Comment faire pour rapprocher des individus que leurs cultures (à tous les sens du terme évoqués précédemment) séparent ? L'école a un rôle important à jouer dans ce domaine. En effet, elle a d'abord un rôle d'information. On ne peut pas continuer à faire comme si ces clivages n'existaient pas. On doit en informer les enfants ou du moins

en être conscients de façon à identifier clairement les spécificités de chacune de ces cultures, les mettre au jour et sensibiliser les enfants à ces différences, non pas pour qu'ils les rejettent ou pour qu'ils les hiérarchisent, mais pour qu'ils les acceptent comme différences, qu'ils les comprennent et qu'ils acceptent les autres avec ces différences. Bourdieu a démonté avec lucidité les fonctionnements sociaux. Il a montré les *habitus* des dominants et des dominés, les processus de légitimation des *habitus* dominants, les codes de distinction, les mécanismes de reproduction de la société et le rôle joué par l'institution scolaire dans cette reproduction.

Les enseignants doivent être conscients de ces fonctionnements pour aider les élèves à se rapprocher et pour limiter les clivages sociaux. Eux-mêmes doivent s'ouvrir sur le monde social extérieur et cesser de fonctionner dans leur huis-clos d'enseignants. La compréhension entre les cultures ne peut pas se faire si l'on ignore celle des autres, en vivant délibérément loin d'eux.

Les enseignants doivent comprendre les clés du fonctionnement social de l'intérieur pour aider les enfants à les comprendre et surtout, pour les amener à sortir, eux aussi, de leur huis-clos social. Ce n'est qu'à ce prix que la compréhension entre les individus appartenant à différentes cultures pourra avoir lieu.

CONFIANCE

Sans cesse on parle de confiance : les élèves manquent de confiance, les enseignants aussi, il faut leur redonner à tous la confiance. Bref, celle-ci constitue une matière essentielle, un ingrédient de la bonne insertion éducative. Or, dans les options pédagogiques qui sont sans cesse déclinées, à coups de livres et de proclamations, on ne retrouve pratiquement plus trace de cette revendication, comme si on avait peur de l'intégrer ou comme si elle formait seulement un slogan sans contenu et pour simple revendication.

Elle est pourtant essentielle. Pour réussir leur accomplissement à l'école, les élèves doivent impérativement avoir confiance en ce qu'ils apprennent, être persuadés que cela leur sera utile, croire à la pertinence des contenus. Pareillement ils doivent avoir confiance en leurs capacités de mener à bien ces apprentissages et, donc, de les conduire à leur terme. J'ai souvent écrit que la première fonction d'un formateur consiste à convaincre les élèves qu'ils ont raison d'apprendre ce qu'ils apprennent et de croire qu'ils sont capables de le faire.

Il est indispensable aussi qu'un élève ait confiance en lui pour tenir sa place dans le contexte de ce qu'on appelait jadis « le groupe-classe » et pour atteindre l'optimum de ses possibilités. Mais, symétriquement, la confiance qu'il porte à l'enseignant doit être aussi sereine que possible, forte, en sorte qu'il lui soit possible de suivre ses conseils sans crainte d'être mal guidé. Enfin, pour dégager cette confiance et la transmettre, il est nécessaire que l'enseignant éprouve une vraie confiance en lui, en ses capacités d'aider les élèves à apprendre, afin de bien développer cette capacité.

Pour que la sérénité et un minimum d'harmonie règnent dans une classe, chacun de ses membres doit avoir confiance dans l'ensemble, afin que le travail en commun puisse apporter quelque chose à chacun des acteurs et qu'il ne s'interroge pas sur une éventuelle stérilité de groupe.

Afin d'atteindre ces objectifs, tous les membres de la communauté doivent pouvoir se faire confiance mutuellement, s'adonner rigoureusement à la coopération qu'il est indispensable de développer pour atténuer un peu la compétition féroce qui règne tôt dans une classe. Pour cela, quelqu'un doit donner confiance et c'est visiblement le rôle de l'enseignant, qui doit tout de suite être cru, c'est-à-dire être capable de conduire la classe vers son accomplissement institutionnel et les résultats qu'il lui faut atteindre.

Peu à peu, il convient qu'un élève qui démarre lentement prenne confiance en ses moyens par comparaison avec ceux de ses condisciples, qu'il se juge capable de tenir sa place adéquate dans ce concert. En elle-même la prise de confiance constitue un progrès que l'enseignant doit encourager et favoriser, par exemple en mettant discrètement en exergue les performances de l'impétrant ou sa contribution à la vie collective d'apprentissage.

Le plus grand danger que court un élève, c'est de perdre confiance. En lui d'abord, puisqu'alors il devient aisément un battu et peut même se trouver en position de *drop out*, comme on le voit non rarement ; en ses camarades d'autre part, s'il les considère comme se désintéressant du travail et des efforts proposés ; en la matière apprise parce que, s'il commence à considérer qu'elle ne lui apporte rien et est purement arbitraire, il se laissera aller et abandonnera la partie ; en l'enseignant parce que si celui-ci ne lui apparaît pas comme à la hauteur de sa tâche ou comme accomplissant son métier au mieux, il l'abandonnera ; en son avenir enfin parce que rien ne justifiera plus ses efforts à ses yeux.

On voit que la confiance est, dans ces conditions, une composante fondamentale de la relation à l'altérité dans la mesure où celle-ci touche toujours aussi à la relation avec soi-même. Seule une personne libérée possède une chance de rencontrer une autre personne semblable et qui soit, comme elle, un *ego* responsable.

CONFLIT

Le conflit résulte d'une opposition entre deux pouvoirs ou deux principes qui souhaitent exercer leur domination dans le même champ. Il peut s'agir de conflit au niveau d'individus, d'ethnies, d'Etats. On parle aussi de conflits de générations, de conflits de civilisations. Kant parle dans *La critique de la raison pure* du « conflit de la raison avec elle-même » pour évoquer les dilemmes qui président à la recherche d'un inconditionnel d'où dépendraient tous les conditionnés.

Dans les relations avec l'autre, l'agressivité n'est jamais loin. On se méfie de l'autre, on a peur et donc, on est sur une position défensive qui ne tarde pas à se transformer en position offensive. Il y a entre les individus des rapports de force, des rapports de dominant à dominé, qui sont indéniables.

Sartre écrit : « Dans la pure réciprocité, l'Autre que moi *c'est aussi le même*. Dans la réciprocité *modifiée par la rareté*, le même nous apparaît comme le contre-homme en tant que *ce même homme* apparaît comme radicalement Autre (c'est-à-dire porteur pour nous d'une menace de mort). Ou, si l'on veut, nous comprenons en gros ses fins (ce sont les nôtres), ses moyens (nous avons les mêmes), les structures dialectiques de ses actes ; mais nous les comprenons comme si c'étaient les caractères d'une *autre espèce*, notre double démoniaque ».

L'autre serait, d'après Sartre, porteur d'une menace de mort. Rien de bien étonnant à ce que le conflit qui naît de l'agressivité envers son entourage que chacun porte en soi, éclate, pour éloigner la menace de l'autre. On veut régler les choses une fois pour toutes et mettre l'autre à distance. C'est toujours un conflit de territoire qui peut se rapprocher aisément de ce qui se passe dans l'espèce animale.

Comment peut-on éduquer les individus à gérer leur agressivité ? Par une éducation à la prévention et à la gestion

des conflits. L'école a un rôle important à jouer dans ce domaine.
En effet, le conflit d'idées peut se régler par le biais d'un débat courtois, argumenté, où chacun pourra exposer ses idées, écouter celles de l'autre, s'enrichir des idées apportées. C'est uniquement dans ce cas que la discussion (le dialogue) pourra être bénéfique. Sinon, l'opposition peut dégénérer en conflit plus ou moins violent. C'est pour éviter la violence verbale ou physique que l'école doit apprendre à l'enfant à gérer ses conflits avec les autres et à négocier avec eux. Les négociations politiques ne sont-elles pas aussi des moyens de prévenir les conflits ou de les gérer ?

CONNAISSANCE

La connaissance, on le sait, désigne à la fois l'acte de connaître et le résultat de cet acte. Il s'agit, pour la pensée, d'entrer en contact avec un objet, de l'étudier, de le décrypter pour s'en faire une représentation. La connaissance se transmet grâce au discours.

Kant donne de la connaissance une définition, par opposition à d'autres termes, qui a le mérite de préciser les concepts. « Le terme générique (désignant l'idée) est celui de *représentation* en général (*repraesentatio*), dont la représentation accompagnée de conscience (*perceptio*) est une espèce. Une perception qui se rapporte uniquement au sujet, comme modification de son état, est *sensation* (*sensatio*), une perception objective est *connaissance* (*cognitio*). Cette dernière est ou *intuition* ou *concept* (*intuitus vel conceptus*) ». La connaissance est donc une perception objective qui se rapporte à un objet.

Pourquoi étudier ce concept de connaissance en relation avec l'altérité ? C'est que la connaissance des idées en général et la connaissance de l'autre ont pour bénéfices, d'une part de faciliter la vie sociale et de la rendre intéressante, d'autre part d'ouvrir sur le monde et de le comprendre.

C'est la raison pour laquelle l'école doit être exigeante par rapport à l'acquisition de connaissances par les élèves. Plus ceux-ci connaîtront de choses, plus ils auront l'esprit ouvert, mieux ils comprendront le monde. Toutefois ; ces savoirs doivent être enseignés selon une progression logique et avec des méthodes rigoureuses. Ils doivent avoir un sens pour l'élève et l'enfant doit réellement les incorporer au sens où l'entend Bourdieu (les faire siens).

L'école doit aussi être exigeante par rapport à l'acquisition de savoir-être par les élèves et en particulier celui qui concerne l'écoute de autre. C'est dire qu'elle doit veiller à ce que les enfants soient attentifs aux autres et aient une attitude de compréhension par rapport à leurs camarades. Ce n'est qu'ainsi qu'ils pourront apprendre à les connaître, à se connaître. Car la connaissance de l'autre est extrêmement importante ; c'est elle qui permet de se familiariser avec lui, d'éliminer la crainte que représente toujours un *alter* pour l'*ego*. L'étranger me fait peur. Si je le connais, s'il me connaît, je découvre qu'il est un *alter ego* et je suis moi aussi un *alter ego* pour lui.

Il faut donc que l'école permette aux enfants d'une part d'acquérir des connaissances bien construites qui leur permettront de comprendre le monde, d'en être des citoyens conscients et actifs et d'autre part de comprendre les autres et ainsi, de respecter leurs différences et de les apprécier.

CONVICTION

La conviction est un ingrédient qui, en apparence, se démonétise dans ses formes classiques, mais qui est peut-être en train de se renforcer (ou de voir son importance s'accroître) devant les transformations qui affectent aujourd'hui les hommes, comme jamais auparavant dans l'histoire. Les formes de croyance s'effritent, les opinions personnelles s'effondrent au profit des « valeurs » plus concrètes : l'argent, le pouvoir, le plaisir. Reste que, sans doute, c'est juste une période que traverse l'humanité.
Max Weber est celui qui a théorisé le mieux la conviction, en posant son fameux diptyque entre « éthique de la conviction » et « éthique de la responsabilité », tout en marquant clairement que, dans la réalité, nous nous trouvons toujours en présence des deux à la fois, en équilibre plus ou moins symétrique avec lequel nous essayons de négocier la position qui nous paraît la meilleure pour nous. Reste que ces deux directions possèdent chacune sa spécificité et que leur distinction, même abstraite et purement conceptuelle, est impérative pour qui veut essayer de « voir clair en ses actions ».
L'éthique de la conviction est constituée par les principes d'action selon lesquels ce sont mes valeurs qui sont les plus importantes et comptent d'abord dans les tâches que j'ai à accomplir. C'est un privilège du moi, une éthique de l'*ego*, une valorisation de l'intériorité subjective. La fidélité à mes idées, dans une entreprise quelconque, est ce qui passe avant tout. Je me refuse à transiger et, au fond, je me préfère à tout ce qui peut me solliciter par ailleurs. Il y a là, sans doute, une forme d'égocentrisme.
L'éthique de la responsabilité donne au contraire la première place à la réalité extérieure, à ce qui ne dépend pas de moi mais intervient cependant dans ma tâche. L'état de la situation compte davantage que mes propres convictions. Je prends en compte ce qui peut être fait compte tenu de la situation plutôt

que ce qui doit être fait. Le faire ou l'être l'emportent sur le devoir être. Au fond, je renonce à me préférer et je choisis plutôt ce qui s'impose à moi (à mes yeux).
Un ingénieur qui doit construire un pont, dit Max Weber, soit refuse de l'entreprendre parce que toutes les conditions ne lui paraissent pas réunies et que l'entreprise ne serait pas conforme à ses convictions, soit se lance dans sa réalisation avec pour but de faire en sorte qu'il soit solide et utile et que l'on puisse circuler sur lui. S'il doit s'effondrer un jour à la suite d'un événement quelconque, il n'en tient pas compte et décide de l'oublier. Dans le premier cas il obéit à l'éthique de la conviction, dans le deuxième à l'éthique de la responsabilité.
Bien entendu, dans la quotidienneté, les angles ne sont presque jamais aussi aigus sauf dans des situations extrêmes. Celui qui construit un pont fera en sorte, par exemple, que celui-ci résiste à tous les aléas prévisibles et que sa fiabilité soit maximale. L'éthique de la responsabilité est une éthique du risque et, dès lors, elle est forcément mêlée à l'éthique de la conviction. Il est possible que, dans les sociétés modernes actuelles, la conviction s'efface de plus en plus au profit de l'efficacité apparente (comme on le voit par la multiplication des malfaçons, des malversations, des entailles à la morale élémentaire).
Pour Weber, une action est toujours orientée doublement : elle est *Wertrational* (d'une rationalité de la valeur), ou *Zwechrational* (de la rationalité du but à atteindre, de l'objectif à réaliser), mais, dans la plupart des circonstances, elle est à la fois des deux ordres, où l'efficacité et la conviction personnelle sont obligées de se mélanger (en proportions variables). Il existe désormais des professions où les deux dimensions sont omniprésentes et où l'impétrant doit choisir : celle de journaliste par exemple où se trouvent confrontées les deux éthiques de la conviction et de la responsabilité.

COOPERATION EDUCATIVE

Une action de coopération est une action de solidarité et en ce sens, elle trouve parfaitement sa place ici, dans le cadre d'une réflexion sur l'altérité. Elle se définit par un engagement réciproque de deux parties s'il s'agit de coopération bilatérale, de plusieurs parties s'il s'agit de coopération multilatérale.

En fait, l'action de coopération suppose le plus souvent une offre de ressources intellectuelles, techniques et financières, de la part d'un pays riche en direction d'un pays en développement ; il s'agit en quelque sorte d'aide au développement. La coopération éducative bilatérale ou multilatérale concerne à la fois les échanges d'expertise entre pays riches et les actions d'aide aux pays en développement ou en transition (coopération nord-sud, pays de l'Europe centrale et orientale…)

La coopération éducative internationale a été mise en place, de façon institutionnelle, dès 1945, avec la création de l'UNESCO. L'objectif annoncé de cette organisation est de « resserrer, par l'éducation, la science et la culture, la collaboration entre nations ». L'UNESCO pense que le rôle de l'éducation est déterminant pour lutter contre les idées belligérantes et favoriser la paix. 187 pays sont membres de cette organisation. Des conférences internationales des ministres de l'éducation ont lieu régulièrement au BIE (Bureau International de l'Education) de l'UNESCO, à Genève. Un Rapport mondial sur l'éducation est publié tous les deux ans. Nous devons mentionner le rapport de la Commission internationale sur l'éducation, présidée par J. Delors, « Rapport à l'UNESCO de la commission internationale sur l'éducation pour le vingt-et-unième siècle » (1996). Ce rapport aborde les grands problèmes mondiaux et imagine des voies qui pourraient permettre d'y remédier (cohésion sociale, meilleure prise en compte du local et du global, nouveau modèle de développement…). Il sensibilise aux problèmes qui se posent à la planète et il propose des stratégies qui pourraient réduire les inégalités, qui éviteraient les traumatismes et qui favoriseraient l'équité au plan mondial. Des Conférences mondiales sur l'éducation ont lieu aussi depuis 1990. Citons deux conférences qui ont fait date : la « Conférence mondiale sur l'éducation pour tous » de Jomtien (Thaïlande, 1990) et la Conférence de Dakar qui a eu lieu en 2000.

D'autres organisations internationales travaillent à développer l'éducation dans le monde et à établir des coopérations entre les Etats, les organismes de recherche, les universités et les différents partenaires du monde éducatif. Citons l'OCDE, la Commission européenne, le Conseil de l'Europe…

Les Etats développent aussi une politique de coopération éducative avec différents pays dans le monde. Les aides apportées par les experts de l'éducation concernent des domaines très techniques de l'éducation, à savoir l'alphabétisation, la lutte contre l'illettrisme, l'évaluation, la formation des enseignants, mais elles touchent aussi à des préoccupations éthiques, philosophiques et humaines lorsqu'il s'agit par exemple de travailler sur les curricula d'histoire, de littérature et de philosophie, sur les enjeux et les stratégies de changement des systèmes éducatifs, sur l'éducation aux droits de l'homme et à la démocratie.

CROYANCE

Le mot est ambigu parce qu'il désigne à la fois une pratique ressemblant à une foi et une tendance à la superstition. La croyance est l'état d'un individu qui est persuadé de quelque chose mais ne dispose pas des moyens de le démontrer. Dans ces conditions, des individus différents peuvent légitimement ressentir des croyances différentes (de même qu'ils sont susceptibles, pour les mêmes raisons, de partager les mêmes). La croyance, en tout cas, est considérée comme un aspect inférieur de la connaissance.

Le premier objectif consiste à ne pas confonde croire qu'on sait et savoir qu'on croit, puis croire qu'on croit et savoir qu'on sait. Seule la dernière affirmation est scientifiquement valide puisqu'il est possible d'exposer les raisons pour lesquelles on maîtrise ce savoir et, donc, de partager celui-ci en le transmettant à un quelconque autre être rationnel par un discours réglé. La culture savante est composée des savoirs que l'on sait savoir et qui n'ignorent pas ce qu'ils ignorent.

Croire qu'on sait constitue la posture la plus redoutable parce qu'elle prédispose au dogmatisme et à l'affirmation sans démonstration, qui aboutit à traiter l'autre comme une chose et non comme une altérité. On lui jette sa conviction au visage en proclamant que telle est la vérité, mais on ne peut pas la partager au terme d'une administration de la preuve. Les impositions, les violences symboliques négatives, ou même les violences tout court, proviennent toujours de ceux qui croient savoir. Pédagogiquement, on mesure mieux les dégâts d'une telle attitude. C'est celle du maître qui affirme, du magister que l'on n'a pas le droit de contredire parce qu'il vous considère comme inférieur, indigne de lui et qu'il ne vous traite pas comme un être humain doué de raison, comme un *alter ego*. Ce dogmatisme ne peut que réciter un dogme et enjoindre de lui obéir parce qu'il est incapable de se mettre à distance, de ne pas confondre *doxa* et savoir et parce qu'il ne s'adresse jamais à des égaux.

Savoir qu'on croit forme une attitude beaucoup plus saine, dans la mesure où l'on affirme avec prudence, méthode et entière bonne foi, qu'on possède une simple croyance, c'est-à-dire une persuasion qui ne relève pas de la connaissance savante. On peut éventuellement partager une telle posture lorsqu'elle est explicitée parce qu'elle caractérise une attitude de doute, d'incertitude et ne se présente pas pour autre qu'elle n'est. C'est le signe même de l'honnêteté.
Croire qu'on croit incarne simplement une faiblesse, mais qui n'est pas rare. On sait qu'on ne sait pas et on ne sait même pas si l'on croit. On se trouve donc en situation d'hésitation, de doute sur le doute, d'incertitude. On indique seulement, et c'est déjà considérable, une sorte de persuasion qu'on a, une sorte d'inclination, une tendance à penser que. La seule chose qu'on est disposé à partager c'est le doute et le côté vers lequel on penche. Aucun prosélytisme là-dedans, donc.
Lorsqu'il est question de relation à l'altérité, ces quatre distinctions sont évidemment capitales parce qu'elles engagent des dialogues différents par essence. Trois d'entre elles sont acceptables et confirment la reconnaissance d'autrui en tant qu'altérité respectable. Dans chacun des cas, une confrontation des points de vue, ou un partage, est possible, de même qu'un dialogue et ce sont précisément de telles attitudes qui fondent le respect de l'autre en tant qu'autre. D'un autre côté cependant, la quatrième possibilité (croire qu'on sait), source du dogmatisme, est probablement la plus fréquente : il convient de s'en méfier et de travailler à en saper les fondements. Garantir l'altérité commence par garantir à l'autre le libre exercice de sa pensée et de sa conviction.

CULTURE

Concept d'usage quotidien, qui a donné lieu à des travaux multiples, essentiellement polysémiques, la culture connaît à la fois de multiples définitions et de multiples incarnations. A mes yeux, c'est Bourdieu qui en a proposé la définition la plus opératoire, parce qu'elle est à la fois la plus générique et la plus aisément transférable (ce qui va ensemble). Elle s'applique en outre, avantage non négligeable, aux innombrables espèces de cultures, aux variétés de celles-ci.

Il y a en effet la « culture cultivée » (Bourdieu encore), la culture au sens anthropologique, la culture médiatique, la culture populaire, la culture commerciale, la culture managériale, les cultures invisibles (celles que l'on pratique sans les rendre visibles, seuls ou avec un groupe de pairs qui en partagent le goût), la culture technique, la culture technologique, la culture générationnelle, la culture professionnelle, les cultures régionales, les cultures nationales, etc.

Or, ce que propose Bourdieu recouvre l'ensemble des domaines divers d'application. « La culture, dit-il, c'est la capacité de faire des différences ». Définition géniale par sa simplicité et sa richesse confondues. Etre cultivé, peu ou beaucoup, c'est ne pas confondre, ne pas amalgamer, bref distinguer et opérer des tris rigoureux.

Par exemple, pour qui ne sait pas lire, une page écrite commence par n'être qu'un espace coloré de noir et blanc, sans rime ni raison, sans signification. Puis, au fur et à mesure de l'apprentissage de la lecture, des formes se distinguent que l'apprenti reconnaît et, du coup, le noir et le blanc s'organisent en surfaces significatives. Quand l'impétrant sait lire, rien ne lui reste plus étranger et les différences qu'il fait dans le noir et dans le blanc, qui découpent les lettres, les mots, les phrases, acquièrent leur signification. Le lecteur sait opérer les distinctions pertinentes entre telle tache noire et telle tache blanche. Il sait

lire, donc a acquis une certaine culture et celle-ci se confond bien avec les différences qu'il sait faire.
Dans la culture littéraire, autre exemple, le niveau le plus bas consiste à ne pas confondre Balzac et Platini, puis, à un degré plus haut, Balzac et Ronsard, puis Balzac et Stendhal, puis *Eugénie Grandet* avec *Le Père Goriot*, puis le premier chapitre d'*Eugénie Grandet* avec tel autre chapitre de la même œuvre, puis telle et telle phrase du même chapitre, etc. Il en va évidemment de même si l'on prend l'exemple de la culture du vin : le non-œnologue confond la piquette et un bon vin et, à l'autre bout, l'œnologue le plus cultivé distingue entre deux années, deux crus, deux cépages, même « à l'aveugle ».
Notons, et c'est capital pour nous, qu'un apprentissage fonctionne comme une culture (ce qui n'est pas étonnant puisqu'il en est une) : apprendre c'est apprendre à faire des différences. Plus on est cultivé, donc plus on sait, cela signifie qu'on a accumulé plus de distinctions, qu'on a appris à faire plus de différences. Pour une langue étrangère, par exemple, on commence par déchiffrer les lettres et les mots, puis les phrases et l'on finit au plus haut, par ne pas confondre des synonymes très proches.
Plus on est cultivé, donc, plus on fait des différences nombreuses et fines, mieux on est armé pour une opération d'éducation comparée. Celui qui possède la plus haute culture pédagogique percevra aussitôt de fines différences pédagogiques (capitales) entre les deux systèmes, que le moins cultivé ne verra pas. L'un opérera le maximum de distinctions et l'autre confondra beaucoup de phénomènes. Le premier tirera évidemment un plus grand bénéfice que le deuxième.

DECLARATION UNIVERSELLE DES DROITS DE L'HOMME

Déclarée et proclamée par l'assemblée générale des Nations Unies le 10 décembre 1948, au lendemain de la Seconde Guerre Mondiale, La *Déclaration universelle des droits de l'homme* correspond à la vision du monde des pays signataires et à leur désir de paix. Depuis cette époque, elle est utilisée pour défendre les droits des peuples et leur permettre de vivre l'altérité en toute harmonie.

Article 1 Tous les êtres humains naissent libres et égaux en dignité et en droits. Ils sont doués de raison et de conscience et doivent agir les uns envers les autres dans un esprit de fraternité.
Article 2 Chacun peut se prévaloir de tous les droits et de toutes les libertés proclamés dans la présente Déclaration, sans distinction aucune, notamment de race, de couleur, de sexe, de langue, de religion, d'opinion politique ou de toute autre opinion, d'origine nationale ou sociale, de fortune, de naissance ou de toute autre situation. De plus, il ne sera fait aucune distinction fondée sur le statut politique, juridique ou international du pays ou du territoire dont une personne est ressortissante, que ce pays ou territoire soit indépendant, sous tutelle, non autonome ou soumis à une limitation quelconque de souveraineté.
Article 3 Tout individu a droit à la vie, à la liberté et à la sûreté de sa personne.
Article 4 Nul ne sera tenu en esclavage ni en servitude ; l'esclavage et la traite des esclaves sont interdits sous toutes leurs formes.
Article 5 Nul ne sera soumis à la torture, ni à des peines ou traitements cruels, inhumains ou dégradants.
Article 6 Chacun a le droit à la reconnaissance en tous lieux de sa personnalité juridique.
Article 7 Tous sont égaux devant la loi et ont droit sans distinction à une égale protection de la loi. Tous ont droit à une protection égale contre toute discrimination qui violerait la présente Déclaration et contre toute provocation à une telle discrimination.
Article 8 Toute personne a droit à un recours effectif devant les juridictions nationales compétentes contre les actes violant les droits fondamentaux qui lui sont reconnus par la constitution ou par la loi.
Article 9 Nul ne peut être arbitrairement arrêté, détenu ou exilé.
Article 10 Toute personne a droit, en pleine égalité, à ce que sa cause soit entendue équitablement et publiquement par un tribunal indépendant et

impartial, qui décidera, soit de ses droits et obligations, soit du bien-fondé de toute accusation en matière pénale dirigée contre elle.

Article 11 1. Toute personne accusée d'un acte délictueux est présumée innocente jusqu'à ce que sa culpabilité ait été légalement établie au cours d'un procès public où toutes les garanties nécessaires à sa défense lui auront été assurées.

2. Nul ne sera condamné pour des actions ou omissions qui, au moment où elles ont été commises, ne constituaient pas un acte délictueux d'après le droit national ou international. De même, il ne sera infligé aucune peine plus forte que celle qui était applicable au moment où l'acte délictueux a été commis.

Article 12 Nul ne sera l'objet d'immixtions arbitraires dans sa vie privée, sa famille, son domicile ou sa correspondance, ni d'atteintes à son honneur et à sa réputation. Toute personne a droit à la protection de la loi contre de telles immixtions ou de telles atteintes.

Article 13 1. Toute personne a le droit de circuler librement et de choisir sa résidence à l'intérieur d'un Etat.

2. Toute personne a le droit de quitter tout pays, y compris le sien.

Article 14 1. Devant la persécution, toute personne a le droit de chercher asile et de bénéficier de l'asile en d'autres pays.

2. Ce droit ne peut être invoqué dans le cas de poursuites réellement fondées sur un crime de droit commun ou sur des agissements contraires aux buts et aux principes des Nations Unies.

Article 15 1. Tout individu a droit à une nationalité.

2. Nul ne peut être arbitrairement privé de sa nationalité, ni du droit de changer de nationalité.

Article 16 1. A partir de l'âge nubile, l'homme et la femme, sans aucune restriction quant à la race, la nationalité ou la religion, ont le droit de se marier et de fonder une famille. Ils ont des droits égaux au regard du mariage, durant le mariage et lors de sa dissolution.

2. Le mariage ne peut être conclu qu'avec le libre et plein consentement des futurs époux.

3. La famille est l'élément naturel et fondamental de la société et a droit à la protection de la société et de l'Etat.

Article 17 1. Toute personne, aussi bien seule qu'en collectivité, a droit à la propriété.

2. Nul ne peut être arbitrairement privé de sa propriété.

Article 18 Toute personne a droit à la liberté de pensée, de conscience et de religion ; ce droit implique la liberté de changer de religion ou de conviction ainsi que la liberté de manifester sa religion ou sa conviction seule ou en commun, tant en public qu'en privé, par l'enseignement, les pratiques, le culte et l'accomplissement des rites.

Article 19 Tout individu a droit à la liberté d'opinion et d'expression, ce qui implique le droit de ne pas être inquiété pour ses opinions et celui de chercher, de recevoir et de répandre, sans considérations de frontières, les informations et les idées par quelque moyen d'expression que ce soit.

Article 20 1. Toute personne a droit à la liberté de réunion et d'association pacifiques.

2. Nul ne peut être obligé de faire partie d'une association.

Article 21 1. Toute personne a le droit de prendre part à la direction des affaires publiques de son pays, soit directement, soit par l'intermédiaire de représentants librement choisis.

2. Toute personne a droit à accéder, dans des conditions d'égalité, aux fonctions publiques de son pays.

3. La volonté du peuple est le fondement de l'autorité des pouvoirs publics ; cette volonté doit s'exprimer par des élections honnêtes qui doivent avoir lieu périodiquement, au suffrage universel égal et au vote secret ou suivant une procédure équivalente assurant la liberté du vote.

Article 22 Toute personne, en tant que membre de la société, a droit à la sécurité sociale ; elle est fondée à obtenir la satisfaction des droits économiques, sociaux et culturels indispensables à sa dignité et au libre développement de sa personnalité, grâce à l'effort national et à la coopération internationale, compte tenu de l'organisation et des ressources de chaque pays.

Article 23 1. Toute personne a droit au travail, au libre choix de son travail, à des conditions équitables et satisfaisantes de travail et à la protection contre le chômage.

2. Tous ont droit, sans aucune discrimination, à un salaire égal pour un travail égal.

3. Quiconque travaille a droit à une rémunération équitable et satisfaisante lui assurant ainsi qu'à sa famille une existence conforme à la dignité humaine et complétée, s'il y a lieu, par tous autres moyens de protection sociale.

4. Toute personne a le droit de fonder avec d'autres des syndicats et de s'affilier à des syndicats pour la défense de ses intérêts.

Article 24 Toute personne a droit au repos et aux loisirs et notamment à une limitation raisonnable de la durée du travail et à des congés payés périodiques.

Article 25 1. Toute personne a droit à un niveau de vie suffisant pour assurer sa santé, son bien-être et ceux de sa famille, notamment pour l'alimentation, l'habillement, le logement, les soins médicaux ainsi que pour les services sociaux nécessaires ; elle a droit à la sécurité en cas de chômage, de maladie, d'invalidité, de veuvage, de vieillesse ou dans les autres cas de perte de ses moyens de subsistance par suite de circonstances indépendantes de sa volonté.

2. La maternité et l'enfance ont droit à une aide et à une assistance spéciales. Tous les enfants, qu'ils soient nés dans le mariage ou hors mariage, jouissent de la même protection sociale.

Article 26 1. Toute personne a droit à l'éducation. L'éducation doit être gratuite, au moins en ce qui concerne l'enseignement élémentaire, et obligatoire. L'enseignement technique et professionnel doit être généralisé ; l'accès aux études supérieures doit être ouvert en pleine égalité à tous en fonction de leur mérite.

2. L'éducation doit viser au plein épanouissement de la personnalité humaine et au renforcement du respect des droits de l'homme et des libertés fondamentales. Elle doit favoriser la compréhension, la tolérance et l'amitié entre toutes les nations et tous les groupes raciaux ou religieux, ainsi que le développement des activités des Nations Unies pour le maintien de la paix.

3. Les parents ont, par priorité, le droit de choisir le genre d'éducation à donner à leurs enfants.

Article 27 1. Toute personne a le droit de prendre part librement à la vie culturelle de la communauté, de jouir des arts et de participer au progrès scientifique et aux bienfaits qui en résultent.

2. Chacun a droit à la protection des intérêts moraux et matériels découlant de toute production scientifique, littéraire ou artistique dont il est l'auteur.

Article 28 Toute personne a droit à ce que règne, sur le plan social et sur le plan international, un ordre tel que les droits et libertés énoncés dans la présente Déclaration puissent y trouver plein effet.

Article 29 L'individu a des devoirs envers la communauté dans laquelle seule le libre et plein développement de sa personnalité est possible.

2. Dans l'exercice de ses droits et dans la jouissance de ses libertés, chacun n'est soumis qu'aux limitations établies par la loi exclusivement en vue d'assurer la reconnaissance et le respect des droits et libertés d'autrui et afin de satisfaire aux justes exigences de la morale, de l'ordre public et du bien-être général dans une société démocratique.

3. Ces droits et libertés ne pourront, en aucun cas, s'exercer contrairement aux buts et aux principes des Nations Unies.

Article 30 Aucune disposition de la présente Déclaration ne peut être interprétée comme impliquant pour un Etat, un groupement ou un individu un droit quelconque de se livrer à une activité ou d'accomplir un acte visant à la destruction des droits et libertés qui y sont énoncés.

DESIR

Le désir est un mouvement d'attirance vers un objet ou un être. Il peut s'agir de désir sexuel et en ce cas, on aspire à trouver le plaisir avec un être qui nous attire. Mais il peut s'agir d'aspirations plus globales, de type intellectuel, et dans ce cas on aspire à la paix, à la connaissance, à l'harmonie…

Le désir qui emporte un être attiré par un autre a bien sa place ici puisque ce concept a de toute évidence une relation avec l'altérité. Le désir est un manque pour Platon qui pense que le désir sexuel a pour but la reconstitution d'un homme total et bisexué, qui retrouve enfin la partie mutilée de lui-même.

Hegel a fondé sa dialectique du couple amoureux sur le désir de reconnaissance : l'homme qui se connaît désire l'autre parce qu'il souhaite être l'objet de sa reconnaissance. Dans sa dialectique du maître et de l'esclave, l'homme désire la reconnaissance, par l'autre, de sa liberté et de son humanité, sans le reconnaître lui-même. Nous sommes loin de la conception de l'altérité égalitaire que nous développons ici.

Le renoncement à toute chose qui ne dépend pas de soi, prêché par les Stoïciens (donc à tout désir, puisque le désir met en relation deux personnes), et à tout désir, prêché par le bouddhisme, est-il possible ? Un individu sans désir n'est-il pas une forme vide, une absence d'être ?

Le désir intellectuel et la curiosité qu'il entraîne sont des éléments moteurs pour la connaissance et l'enseignant doit entretenir ce désir chez l'élève : soif de connaissances sur lui-même, sur les autres, sur son environnement, sur le monde. C'est ce que l'on peut appeler, en d'autres termes, la motivation. On peut motiver un élève, éveiller sa curiosité, lui donner toujours de nouveaux objets de savoir à découvrir. Et l'élève apprendra à se motiver lui-même, à se mobiliser, pour aller encore et toujours vers d'autres connaissances. Cette soif de savoirs intellectuels peut être inextinguible si, dès son plus jeune âge, l'enfant a acquis cette curiosité. Et l'école peut, on le sait, jouer le rôle de source de savoir intarissable ou, au contraire, être un éteignoir, si l'enseignant lui-même n'est pas curieux ou s'il ne voit pas l'immense potentiel que représente chacun des enfants dont il est responsable. Combien de Mozart assassinés à cause d'enseignants démotivés ou peu enthousiastes ! Le désir de l'enfant doit être entretenu sans cesse, on le sait. Or, comment mieux développer ce désir qu'en donnant soi-même, en tant que maître, l'exemple d'un être enthousiaste, avide de connaissances et généreux dans sa transmission du savoir ?

DIALOGISME

Le mot a été popularisé par Bakhtine qui a aussi forgé le concept qu'il traduit. L'homme est un être dialogique par essence et même un monologue est un dialogue. La notion de dialogisme a d'abord pénétré en sémiotique littéraire, avant de s'imposer dans les sciences du langage, puis de s'étendre à l'ensemble des sciences sociales. On trouve ainsi le dialogisme d'un texte, le dialogisme dans un discours, le dialogisme dans la relation entre communautés (par exemple).

L'éducation comparée est l'aspect de l'éducation qui accorde le plus de poids au dialogisme parce que celui-ci constitue véritablement son fondement. Le dialogue des cultures, comme son nom l'indique, repose, même s'il ne le sait pas, même s'il ne le veut pas, sur le dialogisme. C'est parce que l'homme est capable de reconnaître son semblable qu'il est aussi apte à dialoguer avec lui, c'est-à-dire à accepter ses différences, à les comprendre et même à s'enrichir.

Pour qu'il y ait dialogisme réel, il faut évidemment que les deux personnes (au moins) soient des sujets et se considèrent comme tels. Cela ne signifie nullement que tout dialogisme soit celui d'un consensus. Au contraire, un dialogisme peut être d'opposition, conflictuel. Sans paradoxe, à l'une des extrémités du spectre, la guerre est la manifestation de la forme dernière du dialogisme, même si l'un des adversaires s'efforce (toujours en vain) d'instaurer un monologue.

C'est par là qu'il est possible de mettre en évidence un phénomène capital et connu depuis longtemps : celui selon lequel un je est toujours pluriel et comprend plusieurs autres je en lui. Nous ne rappellerons pas ici le célébrissime « je est un autre » de Rimbaud, mais il faut insister sur le caractère nécessairement multiple d'un sujet pourtant unique. Un autre est toujours en moi et personne n'est seul avec soi-même. Le dialogisme est à la source de l'identité.

Même sur le plan pratique (ni ontologique ni psychologique), je suis à la fois, par exemple, homme, père de famille, gardien de but, professeur, syndicaliste, etc. Je dispose toujours de plusieurs êtres sociaux et, par conséquent, plus profondément, je suis fendu, partagé, pluriel. La pluralité qui me compose est en outre complexifiée par autrui qui porte sur moi un regard différent du mien et aussi différent selon celui qui incarne autrui. Pour les autres, je suis plusieurs.

La psychanalyse a puissamment montré combien un sujet était complexe et produit de divers paramètres dont il ne saurait faire l'économie. Le conscient et l'inconscient, le moi, le ça et le surmoi, le je des rêves et celui de la veille, tous concourent à l'élaboration du sujet que je suis. Le dialogisme est même tellement profond en moi que je ne parviens jamais au bout de l'interrogation que je me pose pour savoir qui je suis. Ma pluralité est aussi mon unité.

C'est pourquoi le dialogisme peut être dit au cœur des relations entre l'identité et l'altérité parce que chacune d'elles, en elle-même, est dialogique. Le dialogisme se met lui-même en abîme et, par exemple, lorsqu'on parle d'autonomie, il faut veiller attentivement à ne pas prendre « auto » comme un sujet unique. Le sujet autonome change selon les moments et les angles, selon les interlocuteurs, selon son âge, selon sa position sociale. A l'école on doit veiller à la vie du dialogisme entre les élèves et le maître (« afin que les réponses ne soient pas des répons » comme l'écrit Bourdieu) et que, d'une certaine façon, toute production linguistique soit exactement inépuisable et demeure fondamentalement floue, ambivalente, multiplement interprétable.

DIFFERENCE

Le concept de différence est étroitement lié à celui d'altérité. Il est souvent défini comme une relation d'altérité entre des concepts qui ont des ressemblances ou entre des choses qui sont identiques à un autre égard. C'est le caractère ou l'ensemble des caractères par lesquels un être ou une chose se distingue d'un autre être ou d'une autre chose. C'est aussi l'écart qui sépare deux grandeurs ou deux quantités.

Ce concept est fondamental dans une véritable éducation à l'altérité, parce que l'étude des différences permet de les analyser et de mieux les comprendre. Par une meilleure compréhension des différences culturelles, ethniques, générationnelles, on peut lutter contre le racisme, la xénophobie et toutes les formes d'intolérance.

Comment étudier les différences ? Nous pouvons nous appuyer sur ce qui se fait en éducation comparée où la différence est toujours mise au jour grâce à la comparaison. Il existe trois types de différences.

La différence peut être d'ordre éducatif et concerner le système scolaire, ses acteurs, les méthodes, les curricula... Nous découvrons un autre système éducatif, avec son histoire, sa cohérence.

La différence peut être d'ordre culturel et concerner la culture anthropologique des acteurs éducatifs, leurs codes et leurs habitus, leur rapport à l'histoire, à la société, à l'école, à la famille, à la politique, leurs goûts gastronomiques, leur rapport à la culture cultivée, à la musique, à l'art en général... Il s'agit de dégager des tendances plutôt que des constantes (avec précaution et sens des nuances pour éviter les généralisations hâtives et les stéréotypes grossiers).

Enfin, la différence peut être d'ordre personnel et strictement humain. Nous n'avons pas tous les mêmes goûts indépendamment de notre conditionnement culturel (anthropologique, ethnique, social) mais nous avons des valeurs communes.

Ce n'est pas seulement en terme de différence éducative et de différence culturelle qu'il faut approcher la diversité, mais en terme de différence individuelle. Le concept central d'une éducation à l'altérité devrait être celui d'humanité. En effet, la rencontre avec l'autre devrait nous amener à une réflexion sur nos valeurs, sur nos croyances, sur notre humanité.
Ce n'est qu'après avoir opéré ce travail de clarification que nous pourrons avoir une relation constructive avec l'autre. L'autre n'est pas seulement un produit culturel avec ses différences, il est avant tout un être avec son humanité. Et c'est sur ce terrain que nous allons nous trouver des ressemblances.
Quelles sont nos valeurs communes ? Comment peut-on travailler, avec les élèves, dans différents pays, sur la base des valeurs reconnues dans *La Déclaration universelle des droits de l'homme* ? L'éducation à l'altérité (à la différence) prend des formes diverses comme le respect de l'autre dans sa différence (pourvu toutefois que cette différence soit en conformité avec les valeurs démocratiques), le refus de la violence, la solidarité entre les individus, entre les pays (Nord/Sud), la justice et l'équité.

DISCUTABLE

Si l'on a choisi ici un adjectif c'est précisément parce qu'il a pour vocation de qualifier un substantif, donc de lui donner une couleur qui rejaillit sur lui en fonction du nom qu'il accompagne. En général, cet adjectif se trouve plutôt dévalorisé, alors que, en étudiant les relations entre un moi et une altérité, il devient fondamental pour exprimer à la fois la validité du rapport, sa force et sa vulnérabilité, c'est-à-dire son incertitude constitutive sur la base d'une existence indiscutable.

Une thèse, ou un livre, lorsqu'ils sont valeureux, se caractérisent précisément par leur caractère discutable, c'est-à-dire qui mérite d'être discuté. Là se trouve exactement l'ambiguïté. Discutable ne signifie nullement branlant, non convaincant, approximatif, comme le veut couramment le sens commun. Discutable engendre au contraire un mérite, c'est-à-dire une valeur et, par conséquent, représente un jugement positif, qui possède une signification digne d'être examinée.

Une relation entre deux altérités est essentiellement discutable parce que sa nature même consiste à demeurer vulnérable, fragile, apparemment facile à détruire. En effet, les deux entités ne sont pas parfaites, angéliques, elles ont leurs défauts et, dès lors, leur dialogue est lui-même fait aussi de ratés et d'incompréhensions. Une relation accomplie entre un *alter* et un *ego* ne s'apparente nullement à une idylle : elle existe, comme on le dit pour une union qui, en principe (mais non en fait et de moins en moins) est construite pour durer, pour le meilleur et pour le pire.

La discutabilité est donc une vertu, aussi éloignée du dogmatisme que du scepticisme, qui, eux, n'en sont pas. C'est pourquoi une relation entre un *alter* et un *ego* est aussi tissée de discussions, justement parce que celles-ci en constituent le corps. Pour cette raison aussi, l'altérité, dans son rapport avec un *ego*, n'est jamais jouée définitivement, n'est pas une pierre, n'est pas inerte, mais bien une conjonction de sujets, dont chacun d'entre eux contient, en lui-même, une fracture.

L'union de deux altérités, c'est-à-dire de deux sujets responsables, incarne justement la discutabilité parce que celles-ci sont, par définition, différentes l'une de l'autre et se trouvent dans la position de devoir construire à chaque instant, consolider, leur harmonie. Leurs fidélités et leurs sincérités, deux vertus antagonistes (puisque la fidélité est une fidélité à quelqu'un, donc un changement permanent malgré les apparences et que la sincérité est une attitude fixiste qui n'effectue aucune modification), si tant est que ce soit des vertus, doivent pactiser et s'amputer pour s'accorder.

Si deux altérités sont en accord, on peut dire qu'on se trouve en face d'une absence de problème. Si elles sont en désaccord, le but consiste au moins à se mettre d'accord sur leurs désaccords. Non pas en se séparant, ce qui annule la difficulté mais ne la résout pas, ni en cédant (l'une ou l'autre) parce que, dans ces conditions, il n'y a plus de relations entre altérités, mais seulement le rapport entre un dominant et un dominé, c'est-à-dire un rapport de tyrannie, ou de dictature, ou de monarchie.

Il faut, pour que la discussion subsiste et reste vivante, maintenant ainsi le dynamisme de la relation entre un *alter* et un *alter ego*, que les identités en contact continuent de dialoguer, mais, simultanément, conservent chacune sa singularité. Tel est, exactement, le prix de l'amitié, qui constitue sans doute le plus haut sentiment qu'il y ait au monde, le plus rare, le plus distinctif, le plus valeureux. L'amitié forme à coup sûr le modèle, sans doute inatteignable, des relations entre deux *ego* qui sont en même temps deux *alter*. Aucun modèle, d'ailleurs, n'en existe et presque personne n'en parle ou n'y travaille.

DISTINCTION

C'est un concept à la fois célèbre, à cause du titre du livre éponyme de Bourdieu et profondément méconnu parce que rares sont ceux qui ont pris la peine de réfléchir longuement au contenu conceptuel de ce livre difficile et pourtant essentiel (mais dont la grosseur et l'écriture, à tort, font peur).
La distinction est pourtant un concept d'utilité majeure, d'usage quotidien et que chacun devrait maîtriser pour devenir éducateur et même pour se gouverner soi-même.
Ce qui est fondamental, dans toute vie, et dans toute œuvre intellectuelle, c'est de classer et, donc, de ne pas confondre. La société est tissée de hiérarchies multiples et les dominants dictent leurs goûts et leurs préférences aux dominés qui finissent (et c'est par là qu'on voit que leur domination est achevée) par choisir d'eux-mêmes ce que les dominants leur ont réservé. Or, ces hiérarchies reposent sur l'idée de distinctions faites ou non faites.
Les dominants opèrent leur propre distinction entre ce qui est bien (socialement, culturellement, esthétiquement, etc.) et ce qui ne l'est pas, font valoir que leurs préférences constituent les préférences absolues et, dès lors, transforment leurs distinctions en les distinctions dont l'ensemble constitue la distinction, le fait d'être distingué, le fait de se distinguer, le fait d'être distinctif, le fait de savoir où sont le bien et le mal dans un domaine donné.
Distinction possède donc deux sens. D'une part, elle caractérise ceux qui savent ce qui est distinctif et l'imposent comme normes du goût, « ils font naturellement comme on doit faire ». Ce sont eux qui opèrent les hiérarchies qui doivent s'imposer à tous (comme on le voit, à l'état quasi-dénudé dans la mode vestimentaire ou dans la cosmétique). Pour eux, il s'agit de ne pas confondre deux réalités qui paraissent identiques mais entretiennent entre elles des différences imperceptibles à ceux qui n'appartiennent pas à la strate.

D'autre part, distinction s'applique aussi aux objets. Telle modalité de peinture, ou de musique, ou de maquillage, ou de comportement, est distinguée et, par conséquent, sa reconnaissance par quiconque classe celui-ci et lui confère, comme en cercle, la distinction. Ce sont les gens distingués qui font les objets distingués et réciproquement.

Pour que quelque chose (une œuvre d'art par exemple) devienne distinguée (et, donc distinctive, classante) il faut et il suffit qu'elle soit légitime, c'est-à-dire décrétée comme telle par ceux qui sont préposés à cette fonction (ou s'y préposent eux-mêmes). Or il n'y a pas de légitimité intrinsèque. Tout ce qui est légitime a été légitimé (par quelqu'un, par les dominants, les gens distingués), mais l'instance de légitimation, c'est-à-dire l'institution sociale chargée de classer et de prononcer les verdicts dans le domaine (l'université par exemple pour la littérature), décrète que telle chose, qu'elle vient de légitimer, est légitime intrinsèquement et, dès lors, les dominés la considèrent eux aussi comme légitime, ne voyant pas que la légitimité lui a été attribuée arbitrairement par une instance spécifique, c'est-à-dire des gens particuliers qui ont simplement décrété que leur goût propre était le goût à valeur universelle.

Ceux-ci sont détenteurs de la distinction, de la capacité à la décréter et à l'attribuer et, donc, puisqu'ils confèrent la distinction à une œuvre, ils renforcent ce faisant leur propre distinction et ainsi de suite.

DOGMATISME

C'est l'attitude d'esprit qui consiste à penser et à s'exprimer en fonction de dogmes, sans esprit critique aucun. C'est-à-dire que l'on est convaincu que l'on détient la vérité et l'on ne supporte pas, pour cette raison, la discussion.
Bien entendu, cette attitude engendre l'intolérance puisque le dogmatique ne reconnaît pas à autrui le droit de penser autrement que lui.
On ne saurait suffisamment insister sur le fait que l'éducation doit s'efforcer de lutter contre cette tendance qu'ont naturellement les enfants. Egocentriques, ils ont des difficultés à penser qu'on puisse avoir d'autres opinions qu'eux.
Il est important de favoriser dans l'enseignement toutes les démarches critiques, lors de débats, à propos de lectures, dans les activités scientifiques, lorsque l'on commente les faits et incidents qui se produisent dans la classe, dans le cadre d'une éducation aux médias…
Notre société et notre époque sont encore intolérantes, malgré l'élévation du niveau d'instruction. Pourquoi ? On pourrait en rendre les médias responsables. Il est vrai que trop d'informations tue l'information et que l'esprit critique n'est pas la qualité première des journalistes. De plus, l'accès facile aux sources d'information, la connaissance mise à la portée de tous par Internet, par la télévision, par les bibliothèques, peuvent donner l'illusion aux individus qu'ils détiennent la connaissance parce qu'elle est à leur portée.
Nous remarquons également la montée du fanatisme, religieux en particulier. Même si de nombreuses époques ont dû endurer ce fléau, avec les guerres de religion, les massacres commis au nom de la foi, ce mal est loin d'être éradiqué. Ne l'a-t-il jamais été ? Tel le phénix, il renaît de ses cendres.
Le fanatisme comme le dogmatisme engendrent l'intolérance et le rejet de l'autre. Montaigne, souffrant de ce mal assez

courant à son époque, prônait le scepticisme : « ce sont ici mes humeurs et opinions ; je les donne pour ce qui est en ma créance, non pour ce qui est à croire. Je ne vise ici qu'à découvrir moi-même, qui serai par aventure autre demain, si un nouvel apprentissage me change. Je n'ai point l'autorité d'être cru, me sentant trop mal instruit pour instruire autrui ». Leçon de modestie émanant d'un humaniste d'une immense érudition.

Apprendre la modestie aux élèves, les amener à argumenter, à écouter le discours de l'autre, à respecter l'autre dans sa différence, à ne jamais penser qu'ils détiennent de façon définitive la vérité, développer leur esprit critique : voici des objectifs pour l'école qu'il importe plus que jamais d'atteindre.

DOMINATION

Dans le secteur auquel nous nous intéressons, ce concept est évidemment central parce que, d'une certaine façon, il incarne un obstacle sans cesse présent contre lequel il faut sans cesse lutter pour parvenir à ce qu'un *ego* reconnaisse un *alter* comme un *ego* équivalent au sien. Socialement, les systèmes de domination sont, certes, impossibles à éradiquer. Encore faut-il les connaître et leurs règles de fonctionnement, si l'on veut lutter contre eux, connaître leurs lois pour les déplacer.

Selon Bourdieu, toute domination ne se comprend que dans un champ, celui-ci constituant un regroupement d'individus visant un même enjeu (qui unifie le champ), chacun d'entre eux occupant une position, qui a, certes, ses intérêts propres, mais a conscience de l'enjeu unique. Un champ est donc à la fois un lieu de consensus (l'enjeu) et un territoire de conflits puisque chaque position (occupée par un homme ou une institution), plus ou moins proche du centre de l'enjeu, défend ses propres intérêts, éventuellement en luttant contre d'autres positions dans le même champ. Les agents du champ sont donc à la fois partenaires et adversaires, ils ont un intérêt commun et des intérêts séparés (distincts).

Compte tenu de cette situation, tout champ vivant produit donc, comme mécaniquement, des dominants et des dominés. Chacun, d'ailleurs, selon la position qu'il occupe, est toujours à la fois dominant (de quelqu'un) et dominé (par quelqu'un). Il n'empêche que, dans un champ quelconque, il y a objectivement des dominants (dont le but est de le rester ou de s'élever encore) et des dominés (dont l'objectif est de l'être moins et de grimper à l'échelle de la domination). Ils sont, normalement, en lutte perpétuelle.

Les dominants imposent leurs goûts en les définissant comme les goûts adéquats (et non pas simplement comme les leurs). Il n'est d'ailleurs pas rare qu'ils finissent par croire eux-mêmes que leurs simples goûts incarnent les goûts en général, que tout le monde, donc, devrait avoir. Les dominés, eux, obéissent aux dominants et « encaissent » les goûts hiérarchiquement dominants. Mais la domination connaît son accomplissement, son achèvement, quand les dominés finissent par croire que les goûts des dominants sont effectivement les goûts justes et quand, de ce fait, ils y adhèrent sincèrement.

On ne compte pas là-dedans les dominés qui adoptent les goûts des dominants simplement pour se placer, se faire bien voir, être promus (c'est-à-dire atteindre une position supérieure à celle qu'ils occupent actuellement) et, en fin de parcours, devenir dominants à leur tour. Donc, dans un champ, les manières de penser, de juger, de voir, de se comporter, sont fixées par les dominants et, dans ces conditions, on comprend que chacun cherche à acquérir une position de domination pour imposer ses propres préférences.

La reconnaissance de l'altérité est directement affectée par une telle organisation en champs. Même si un individu reconnaît l'altérité de l'autre et la respecte en apparence, cela ne l'empêchera pas, en règle générale, de traiter celle-ci selon les lois de la relation dominants/dominés, qui, elle, ne se préoccupe d'altérité qu'en paroles. L'équivalence morale ne se confond nullement avec l'équivalence sociale et, malheureusement, dans la vie concrète, c'est presque toujours la deuxième qui l'emporte. Il convient donc de ne pas croire sur paroles tout ce qui est dit, de manière effectivement fort noble, sur le respect de l'autre en tant qu'autre. Il est capital de le répéter sans cesse et de le réclamer. Mais il faut rester lucide en même temps et savoir que, dans le combat social incessant, la reconnaissance de l'autre est rarement prise en compte. Ce qui importe ce sont les conditions de la domination, c'est-à-dire cette réalité que chacun cherche à devenir le dominant de l'autre, au détriment de son équivalence proclamée d'*alter ego*.

ECHANGES

A la suite de la seconde guerre mondiale, les échanges se sont développés dans différents domaines (économiques, commerciaux, politiques), grâce à la création d'organisations internationales chargées d'assurer une coordination à l'échelle planétaire, pour le maintien de la paix et pour les échanges en général. Ces échanges internationaux opèrent des rapprochements et permettent d'arriver à des consensus commerciaux, politiques et économiques.
Dans le domaine éducatif, les échanges internationaux se développent de façon considérable à partir des années soixante avec l'OFAJ et la Commission Européenne lance les premiers grands programmes européens.
Aujourd'hui, ces programmes ne concernent encore qu'une faible partie de la population, puisque seuls 5% des élèves, 1,5% des étudiants et 0,4% des enseignants en bénéficient. Mais il ne fait aucun doute que le processus va continuer à se développer.
Les échanges éducatifs permettent la rencontre et la fréquentation des autres systèmes éducatifs. Ils sont donc une composante essentielle de l'éducation à l'altérité. La mobilité des élèves, des étudiants, des enseignants est fondamentale à plusieurs niveaux. Sur le plan pédagogique, elle est facteur de progrès grâce à la prise de conscience de la diversité des systèmes éducatifs nationaux (méthodes, pratiques, programmes, etc.) et du changement à opérer. Sur le plan historique, elle facilite la construction de repères nationaux, européens, voire mondiaux, et permet de mieux comprendre l'évolution actuelle des systèmes éducatifs qui sont incontestablement le fruit des histoires nationales. Sur le plan culturel, elle permet aussi un indéniable enrichissement de l'individu par une réflexion sur les codes culturels, les morales et l'éthique, nécessaire à une prise en compte de la diversité culturelle et à sa reconnaissance. Sur le plan personnel, elle permet, grâce à la rencontre avec d'autres

individus, de mieux se connaître soi-même, de découvrir l'autre, de se découvrir grâce à l'autre.

L'échange, considéré par G. H. Mead comme le fondement de la vie humaine en société, est conçu pour permettre la rencontre avec l'autre : à l'étranger, dans son propre pays, avec l'autre qui est en soi. N'oublions pas ces deux dernières formes d'échange, car l'échange n'implique pas nécessairement une rencontre avec l'étranger (de nationalité différente) ; il peut y avoir échange éducatif à l'intérieur d'une même salle de classe, avec les autres élèves ; dans son propre pays avec des individus différents, par l'origine sociale, par l'appartenance ethnique, religieuse, par la personnalité… Car l'étranger est multiple. L'autre au sens large est un étranger pour moi et je peux être aussi un étranger pour moi-même (cf. *Etrangers à nous-mêmes* de J. Kristeva et *Soi-même comme un autre* de P. Ricoeur).

Nous pouvons dire que l'échange éducatif œuvre en direction d'une triple postulation : il permet de prendre ses distances par rapport à son propre égocentrisme, à son sociocentrisme et à son ethnocentrisme. Perte de mon égocentrisme, parce que, par la rencontre avec l'autre, je suis amené à changer de point de vue, à me décentrer, à me « mettre à la place » de l'autre. Perte de mon sociocentrisme, parce que je découvre à l'étranger ou dans mon propre pays, des représentants d'autres classes sociales qui ne fonctionnent pas avec les mêmes codes sociaux et culturels que moi (« culture » pris au sens de culture de classe). Perte de mon ethnocentrisme, parce que je découvre une autre culture (« culture » pris au sens de culture anthropologique), d'autres habitus (codes de politesse, gestion de l'intimité, des rapports sociaux, habitudes gastronomiques, rapports avec la maladie, la mort…) et que j'en comprends le sens et la cohérence.

Nous le voyons, l'échange éducatif, parce qu'il est essentiellement ouverture sur l'autre et réflexion sur sa propre identité, est un élément-clé de l'altérité.

ECOLOGIE

Cette préoccupation n'est apparue que de manière relativement récente dans les sociétés contemporaines. L'école s'en est préoccupée tardivement et l'auteur de ces lignes a écrit un livre sur le sujet de l'enseignement de l'écologie il y a trente ans, en ne soulevant que très peu d'écho. Aujourd'hui encore, tous les pays, souvent pour de mauvaises raisons, ne se soucient pas véritablement d'écologie et, de plus, chacun tend à proposer sa propre définition, parcellaire, de ce domaine.

Or, des enjeux majeurs se trouvent ici présents. D'abord l'avenir de la planète qui n'est plus assuré : épuisement des ressources, pollution des eaux et des terres, déformation, dangerosité des cours d'eau, disparitions animales, organismes génétiquement modifiés, réchauffement de la planète, problèmes sans cesse présents des dangers nucléaires, risques insensés de l'alimentation humaine, telle est la première couche de préoccupations, celles qui touchent à l'humanité tout entière.

Puis viennent l'asphyxie des villes, la prolifération des voitures qui rendent notre vie pleine d'absurdités, le développement des appareils qui, en transformant notre rapport au monde contribuent à nous déshumaniser, les interrogations sur le problème de l'euthanasie, la dictature des valeurs économiques, voici quelques-unes des réalités qui nous assaillent dans notre vie quotidienne. Aucune nostalgie là-dedans, bien entendu : il n'est pas question de négliger les immenses progrès dont nous bénéficions, médicalement, en temps de loisirs, en information, en rapidité, par rapport à ceux qui nous ont précédés.

Simplement, c'est plutôt de la maîtrise de ces avancées qu'il s'agit maintenant. Comment continuer à en profiter sans qu'en même temps elles entraînent pour nous et ceux qui nous succéderont, des conséquences aussi pernicieuses et inquiétantes ? Telle est la question unique, à vrai dire, que pose l'écologie. Comment ne pas user notre planète, ne pas l'épuiser, continuer à nous y mouvoir sans être sans cesse aux aguets ? Ce qui n'a jamais été, historiquement, un souci, le devient aujourd'hui et chaque jour davantage.

L'autrefois a connu les massacres de la population (Indiens d'Amérique du Nord et du Sud, guerres d'extermination, techniques d'élimination massive) et, certes, ces activités continuent un peu partout, mais à petit bruit et à moindre échelle. De quelle manière faut-il procéder, en tout cas rapidement, pour que, avec d'autres moyens et sous des formes moins spectaculaires, nous ne parvenions pas à un résultat comparable et à transformer la planète en lieu invivable, en détruisant tout, comme de simples prédateurs (que nous sommes, certes) ?

Comment serait-il possible de penser que la conscience écologique plus ou moins aiguisée n'entraîne pas de conséquences sur les relations qu'entretiennent les hommes entre eux ? L'écologie a des revendications à présenter devant les relations à l'altérité, la reconnaissance de celle-ci et son respect, lorsqu'on voit comment sont traités nos semblables des pays du Sud par exemple. Les rapports entre les pays du Nord et les pays du Sud, sur le plan des grandes pandémies, par exemple, est-il en quoi que ce soit un rapport égalitaire ?

Non, personne ne saurait l'affirmer. Avant qu'on ne parvienne à considérer, autrement qu'en paroles, n'importe quel homme du Sud comme égal en dignité à n'importe quel homme du Nord, il y a du temps à écouler. C'est pourquoi il est urgentissime de militer en faveur de l'altérité, de l'accueil de l'autre en tant qu'autre, de l'*alter ego*. Empiriquement, aucun succès ne se manifeste, mais, moralement l'enjeu en est d'autant plus fort. La coupure de la planète, dans l'inégalité des hommes, est une calamité contre laquelle il faut lutter sans cesse, même si la tâche s'apparente à celle de Sisyphe parce qu'il y va, au moins, de notre propre dignité.

ECOUTE

Ce concept est fondamental dans une pédagogie de l'altérité. En effet, il faut apprendre le plus tôt possible aux élèves, dès la maternelle, à s'écouter. Trop nombreux sont ceux qui sont encore incapables, au niveau du lycée, et même en tant qu'adultes, d'écouter dans un débat, les arguments de l'autre, de rebondir à partir de ces arguments et de donner les siens qui prennent en considération ceux de l'autre.

On ne s'écoute pas sur le plan intellectuel, lorsqu'on communique des idées, mais l'on ne s'écoute pas non plus, lorsqu'on est simplement en présence de l'autre, comme individu global. Chacun a tendance à s'enfermer sur soi, à se replier, à considérer l'autre avec ses préjugés, ses représentations antérieures.

Or, cette attitude d'écoute se travaille à l'école ; on doit apprendre aux élèves qu'un débat doit être un vrai débat, pas une succession d'exposés, de monologues qui n'intègrent pas la parole de l'autre, que nous avons intérêt à regrouper nos idées parce qu'elles seront plus nombreuses et plus riches et que le véritable échange est un enrichissement pour chacun.

Sur le plan humain, on doit apprendre aux élèves à s'écouter pour mieux se comprendre. Les malentendus naissent souvent d'une méconnaissance de l'autre. Même si l'autre, parce qu'il est *alter*, étranger à nous-même, nous fait peur, il faut se familiariser avec lui pour vaincre la peur et entrer dans la complicité. Schiller écrit : « Si tu veux comprendre les autres, regarde dans ton propre cœur. Mais si tu veux te comprendre toi-même, regarde comment se comportent les autres ». Le « connais-toi toi-même » socratique passe aussi par la connaissance des autres et sans écoute, il n'y a pas de connaissance.

Lorsque dans le très beau film de Nicolas Philibert sur l'école, « Etre et avoir », les deux enfants Olivier et Julien se querellent, l'enseignant propose une discussion entre eux. Ceux-ci s'expliquent sous l'œil du maître qui aide à leur faire prendre conscience du problème qui est à l'origine du conflit. Les enfants sont invités par le maître à s'écouter, ce qu'ils ne font pas spontanément, puisque chacun s'enferme dans sa logique et dans ses ressentiments, mais ils parviennent finalement à un véritable dialogue et à une meilleure compréhension l'un de l'autre.

Comme je le disais précédemment, cette attitude d'écoute n'est pas innée en chacun de nous. Elle se travaille, elle s'éduque et l'école a un rôle important à jouer dans ce domaine, car on le sait, les conflits, à quelque niveau que ce soit, résultent très souvent d'une mauvaise compréhension de l'autre, née d'un manque d'attention et d'écoute.

EDUCATION

A première vue, une telle entrée paraît triviale parce que trop générale. Effectivement, il n'en est rien parce que la reconnaissance de l'altérité exige un apprentissage, un entraînement, un effort, qui ne peut résulter que d'une éducation, à la fois familiale et scolaire, de manière convergente. Au fond, la reconnaissance de l'altérité s'apprend et, donc, s'enseigne et s'inculque. Se fier à la spontanéité, là, au libéralisme donc, c'est se laisser aller, vite, vers la sauvagerie et la loi du plus fort.

Dès la prime enfance, la solidarité entre des individus différents n'existe pas, ce qui ne prouve nullement qu'elle ne peut pas être transmise, Françoise Dolto l'a bien montré. Les relations difficiles entre frères et sœurs, bien analysées par la psychanalyse, les conflits raides, qui accompagnent les premières années d'école maternelle, illustrent, s'il en était besoin, le fait que, certes, on identifie l'altérité, mais aussi celui qu'on ne la reconnaît pas immédiatement. On peut même déclencher une tendance à la lutte, à la domination (aussi bien dominer qu'être dominé).

L'éducation vise à la construction d'un individu et à l'élaboration de sa socialisation, les deux phénomènes étant d'ailleurs étroitement liés. Il existe même des systèmes éducatifs (en Scandinavie par exemple) où l'accent, lors des premières années de scolarisation, est placé beaucoup plus fortement sur la socialisation (la nécessité prioritaire de contribuer à former un bon citoyen) que sur les apprentissages de contenus, ceux-ci servant d'abord à l'élaboration de l'être social et non à l'être intellectuel.

Tous les systèmes d'enseignement, cependant, visent à la socialisation, peu ou prou. Ainsi François Mariet a-t-il pu écrire justement que l'école en France était « une vaste machine à fabriquer des Français ». Peut-être, d'ailleurs, faudrait-il voir dans le relatif effacement de cet objectif pédagogique et, donc, des pratiques qui y conduisent, une partie des difficultés actuellement rencontrées par l'école française, celle-ci ne parvenant plus à intégrer tous les élèves comme des citoyens d'une même république, d'opinions différentes, certes, mais possédant en commun un sentiment d'appartenance nationale.

L'Emile éduqué par Rousseau passe progressivement, en prétendant suivre la nature, de l'état d'animal, à l'état de citoyen responsable et actif. C'est bien reconnaître que la reconnaissance de l'autre en tant qu'autre, qui fonde la démocratie, n'est que l'aboutissement d'un processus et n'est pas inscrite de manière innée malgré l'affirmation que « l'homme est naturellement bon ». Cette expression est évidemment fausse puisqu'il n'y a pas d'être sans société et que c'est celle-ci qui mettrait en lui les mauvaises tendances. Rousseau lui-même, ou ce qu'on en a fait, n'est pas exempt de contradictions.

L'éducation correspond donc à une mise en conformité avec les idéaux du moment et elle a depuis longtemps été considérée comme un instrument de domestication qui permet à chacun de ne pas être un loup pour l'homme. L'école est un levier pour les pouvoirs publics. Fénelon, à qui Louis XIV demandait ce qu'il lui conseillait de faire pour éviter la renaissance du protestantisme, conseilla au roi de multiplier les écoles au sein desquelles on enseignerait les fondements de la religion catholique.

Reconnaître l'altérité et la respecter sous-entend donc un travail de longue haleine et repose sur une lutte contre la spontanéité. Cette affirmation heurtera peut-être les esprits libertaires, partisans d'élever tout enfant absolument sans entraves. Il faut dire fermement qu'il s'agit d'une erreur et que les apprentissages n'ont pas tous le but d'emmagasiner des connaissances mais aussi celui de transmettre des comportements adéquats. Reconnaître l'autre en tant qu'autre, le respecter comme tel, ainsi se fonde la démocratie, l'égalité de dignité entre les hommes, universellement et, donc, personnellement.

EDUCATION COMPAREE

Considérée comme une discipline dans certains pays (Etats-Unis, Allemagne, Taïwan…), l'éducation comparée est perçue ailleurs comme une spécialité des sciences de l'éducation (France, Belgique, Suisse…). Elle peut aussi être vue seulement comme une démarche permettant de comparer des faits éducatifs.

C'est, bien sûr l'ouverture sur l'autre école. Dans ce domaine, l'exercice de décentration est fructueux, car les élèves, les étudiants, les enseignants découvrent que ce qu'ils avaient l'habitude de pratiquer est marqué culturellement. Leurs pratiques pédagogiques sont relatives et singulières. Ils en ont hérité culturellement, ils les ont intériorisées; elles leur ont été transmises par l'enseignement. Ils les ont intégrées et inconsciemment, avant la rencontre avec l'autre école, ils étaient intimement convaincus qu'elles étaient universelles.

Grâce à l'échange, ils rencontrent d'autres habitus pédagogiques (par exemple, des disciplines différentes, des rythmes scolaires différents, la manière de gérer l'établissement, la façon de traiter des problèmes tels que la violence, l'hétérogénéité des classes...). Cette rencontre soulève des questions, des interrogations sur ce qui, jusque là, semblait naturel, irréfutable, définitif. Par la comparaison, les pratiques sont réinterrogées, repensées et elles prennent du sens. On découvre un autre système éducatif avec une autre cohérence.

L'éducation comparée permet d'approcher des réalités éducatives dans des contextes variés (nationaux ou internationaux) pour en comprendre la cohérence et l'intérêt, mais aussi pour s'inspirer des réussites diverses. Elle permet aussi, par l'ouverture qu'elle propose sur les autres systèmes éducatifs, d'en comprendre les finalités, les enjeux et les fonctionnements. Elle permet enfin, par l'approche mondiale des problèmes éducatifs, de percevoir les inégalités, les injustices et les inégales répartitions des moyens entre les pays et de tenter d'y remédier grâce à la mise en place de nouvelles solidarités à l'échelle planétaire.

On le voit, l'éducation comparée est riche de promesses. En effet, si, en 1817, elle permettait à Jullien de Paris, son fondateur, de comparer l'éducation dans les différents cantons suisses pour s'inspirer de ce qu'il y avait de meilleur dans chacun d'entre eux, elle peut aujourd'hui, grâce aux nombreuses données quantitatives et qualitatives que nous possédons sur chaque système éducatif national, permettre certaines harmonisations (par exemple la certification commune aux étudiants Erasmus qui peuvent ainsi effectuer un cursus d'étude dans plusieurs pays) ou certaines rectifications (suite aux enquêtes internationales -comme PISA- relatives aux résultats des élèves en lecture, en mathématique et en science).

Elle met également au jour les inégalités économiques, les inégalités de performances, le fossé qui existe entre les pays dans l'utilisation des nouvelles technologies ce qui va accentuer encore les inégalités dans les rapports de force entre nations.

Elle peut faire prendre conscience aux nations, grâce à une analyse scientifique et une interprétation lucide de ces inégalités, des différences flagrantes entre les finalités des systèmes éducatifs, entre les inégales répartitions des moyens et des compétences, entre les valeurs différentes qui construisent les philosophies éducatives.

Elle peut être à la base du développement de nouvelles solidarités entre les pays du Nord et les pays du Sud et d'une plus juste répartition des richesses économiques et intellectuelles. Elle permet une meilleure compréhension mondiale des problèmes éducatifs et donne les clés pour créer un monde meilleur, plus solidaire et plus juste.

EFFORT

Maurice Béjart disait récemment à propos de sa création très orientée vers les autres et inspirée par des cultures diverses (cf. ses ballets Shéhérazade, La Route de la Soie), que le voyage vers l'autre et la compréhension de l'autre demandaient beaucoup d'efforts.

Il est vrai que l'on ne peut pas comprendre si facilement ce qui est différent de nous. Cela suppose d'une part de se connaître bien et d'autre part, d'être suffisamment disponible pour aller vers l'autre.

Je suis suffisamment au clair avec moi-même, mon identité est définie dans ses grandes lignes et je ne me sentirai pas agressé, déstabilisé par l'identité de l'autre, différente de la mienne.

La rencontre avec l'autre nécessite une certaine stabilité de l'être qui prend ce risque, car cette rencontre représente effectivement un risque. Certains ont, au contact de l'autre, renoncé à certaines de leurs caractéristiques identitaires. Béjart s'est converti à l'Islam, Rimbaud est devenu un marchand en Arabie et en Ethiopie, comme les autres commerçants qui faisaient des affaires avec l'empereur Ménélik.

L'adaptation à la culture de l'autre n'est pas sans difficulté et tous les récits de voyageurs sont là pour en témoigner. L'étranger exerce sur nous une sorte de fascination qui peut devenir répulsion, que l'on peut traduire en termes d'amour *vs* haine.

Pour éviter ces comportements affectifs extrêmes causés par le déplacement hors de son cadre de vie connu, habituel, limité, il convient de rester vigilant et de se référer à sa raison. Les différentes étapes du choc culturel vécu par tout expatrié sont connues et il n'est pas mauvais, lorsque, par exemple, on s'aperçoit que l'on traverse une crise de rejet, de se référer au cadre intellectuel qui décrit cette évolution. Alors, l'esprit doit être capable de relativiser cette expérience particulière et les réactions qu'elle entraîne, par la dédramatisation et la confrontation avec celle des autres, semblable à la sienne.

Un comportement à l'étranger qui ne serait qu'affectif et aucunement rationnel pourrait conduire à des dérives telles que celle de Kurtz dans *Au-delà des ténèbres* de Joseph Konrad.

La rencontre avec l'autre nécessite un effort sur soi, un effort de clarification de ses propres valeurs, mais aussi un effort de rationalité pour éviter de se retrouver dans le tout affectif capable d'engendrer le meilleur ou le pire.

Il importe de faire découvrir cela aux jeunes enfants qui ont tendance à émettre des jugements définitifs sur les autres. L'autre ne s'approche pas facilement. Il est certes plus facile de le condamner parce qu'il est différent et que je ne le comprends pas, que de mobiliser son être entier pour partir à sa découverte. L'effort de décentration que j'aurai fait et qui m'aura demandé de m'oublier un moment pour m'intéresser réellement à l'autre, je ne le regretterai pas, car il est porteur de découvertes et de richesses insoupçonnées.

EGOCENTRISME, EGOÏSME

L'égocentrisme désigne la tendance à tout rapporter à soi-même. Piaget a montré qu'il est normal chez l'enfant qui confond même le moi avec le monde extérieur. En effet, ce n'est que vers l'âge de 12 mois qu'il commence à comprendre que sa maman n'est pas lui et qu'il n'est pas sa maman. Plus tard, il se passera encore du temps avant que l'enfant n'éprouve le besoin de communiquer sa propre pensée ou de se conformer à celle des autres. Certains adultes continuent à faire preuve d'un fort égocentrisme, ce qui, à ce stade, n'est plus très normal (toutefois, un certain égocentrisme -latent- serait nécessaire et constituerait la base même de l'individualité) et peut même être considéré comme pathologique.

L'égoïsme se différencie de l'égocentrisme dans la mesure où celui qui est affecté de ce « travers » moral a tendance à tout rapporter à lui-même, mais dans une volonté manifeste d'intérêt. Il s'agit de faire passer son intérêt avant l'intérêt de l'autre, et on comprend pourquoi ce terme s'oppose à celui d'altruisme.

On pourrait épiloguer pour savoir si l'égoïsme est une tendance naturelle de l'individu qui irait de pair avec son instinct de conservation. Mais cela ne nous apporterait pas grand-chose.

Ce qu'il importe de savoir, c'est que l'école a un rôle à jouer pour éduquer l'individu à ne pas développer un égoïsme forcené. Cette entreprise va de pair avec la socialisation qui constitue l'un des enjeux forts de l'école avec l'acquisition des connaissances. En effet, l'enfant acquiert tout au long de son parcours des savoir-être comportementaux qui vont l'aider à vivre heureux en société.

Un égoïste ne peut guère vivre heureux en société. Il ne pourra pas se sentir membre à part entière d'une société où les devoirs vis-à-vis des autres sont au moins aussi nombreux que les droits. Et il aura des difficultés à comprendre que ces

devoirs sont nécessaires parce qu'ils sont les seuls garants du bon fonctionnement social.
La générosité du sage sur laquelle Epictète mettait l'accent, ce sage qui donne ses biens aux autres et qui comprend que c'est la seule manière de les faire fructifier, est à l'antithèse du comportement de l'homme égoïste qui ne connaît pas la joie du partage. Nous avons, en tant qu'éducateurs, un rôle à jouer dans l'éducation morale des enfants afin qu'ils ne deviennent pas des adultes égoïstes, soucieux avant tout de leur propre intérêt aux dépens de celui des autres, peu enclins à s'ouvrir sur le monde extérieur, des Harpagon obsessionnels et privés de la joie de l'écoute, de la solidarité et de l'échange.

ENGAGEMENT

L'engagement consiste à contracter une obligation légale ou morale, avec la ferme intention de la respecter. Une pensée engagée prend au sérieux les conséquences morales et sociales qu'elle implique ; elle reconnaît l'obligation d'être fidèle à un projet, le plus souvent collectif, dont elle a auparavant adopté le principe (Lalande).

Il y a donc dans l'engagement une fidélité absolue au projet adopté et l'acceptation de sa responsabilité par rapport aux conséquences de ce projet.

Pascal affirmait : « nous sommes embarqués ». On naît toujours au milieu d'une situation donnée qui en détermine certaines conditions. L'homme est libre, ou bien croit l'être, mais il agit toujours en s'engageant dans une direction, en fonction de ses valeurs.

Pour Sartre et pour l'existentialisme, l'engagement caractérise nécessairement l'être humain dans la mesure où il est toujours en situation et contraint à l'action. C'est l'idée d'une liberté et d'une responsabilité qui s'affirment dans chaque situation et d'un refus de la neutralité, caractéristique du « salaud ». Il s'agit, par l'engagement, de mettre ses forces au service d'une cause qui dépasse l'individu.

C'est en particulier le fait des intellectuels engagés qui pensent avoir une action sur les autres hommes par ce qu'ils produisent, conformément à leur prise de position politique, religieuse, éthique, dans la société.

On ne peut parler d'engagement sans parler de responsabilité. Le croyant se sent responsable devant Dieu, l'homme engagé devant son parti politique ou son idéologie, l'homme d'Etat devant son pays, l'homme « conscient » vis-à-vis de lui-même. Pourtant, la responsabilité individuelle est souvent transférée à quelqu'un d'autre, à une autre instance, malgré les mises en demeure de Jaspers (*La Culpabilité allemande*) ou de Levinas (*Ethique et infini*). C'est en effet souvent le cas, au XXème siècle, pour les guerres et pour les génocides.

On le voit, un homme ne peut pas ne pas s'engager. Il est de toute façon embarqué et il n'a pas le droit de rester neutre. Il doit prendre ses responsabilités et l'école doit lui apprendre à réfléchir, à clarifier ses valeurs, à comprendre le monde dans lequel il vit pour qu'il puisse effectuer des choix conscients et assumer sa responsabilité. Hanna Arendt insistait sur la responsabilité des acteurs du vieux monde qui ne devaient pas se retirer lâchement, mais, au contraire, assumer leurs valeurs et les faire connaître aux jeunes gens pour que ceux-ci puissent, à leur tour, se définir par rapport à ces valeurs, construire leur projet éthique personnel et bâtir un monde nouveau et révolutionnaire.

ETHIQUE

L'éthique est une discipline philosophique qui a pour objet le jugement d'appréciation lorsqu'il s'applique à la distinction du bien et du mal. Universelle et théorique, liée à la métaphysique, elle se distingue de la morale qui est contextualisée (différente selon les cultures) et individuelle.
Chez Aristote, *l'Ethique à Nicomaque* s'appuie sur une expérience commune aux hommes les plus différents pour dégager des principes éthiques qui transcendent les diversités individuelles. Chez Kant, l'éthique est liée à une recherche métaphysique et se distingue de la morale appliquée. Elle est placée au-dessus de la morale.
Spinoza expose dans l'*Ethique* une morale qui dégage les principes d'une vie conforme à la sagesse philosophique. Le bon n'est rien d'autre que « le moyen de nous rapprocher de plus en plus du modèle de la nature humaine que nous nous proposons ».
L'éthique peut être considérée comme un système universel de valeurs mises au service du Bon et du Bien. Mais existe-t-il une plate-forme de valeurs communes à tous les individus, à toutes les cultures ? Les philosophes occidentaux se mettent d'accord sur un certain nombre d'entre elles : la justice, la tempérance, la compassion. Les philosophes orientaux les rejoignent sur les valeurs d'humanité, de droiture, d'équité, de justice dans les rapports humains mais ils s'en séparent sur l'idée de liberté en particulier.
Quelles sont les valeurs qui sont affirmées de façon claire dans les systèmes éducatifs européens ? Les valeurs de la démocratie. Les valeurs qui figurent dans la *Déclaration universelle des droits de l'homme*. Et pourtant, il semble que ces valeurs ne soient pas toujours intériorisées et mises en place au niveau individuel. Affirmées comme valeurs de référence, comme valeurs intellectuelles et théoriques, elles ne trouvent pas toujours leur place dans la morale appliquée par chaque individu. Une réflexion récurrente et

omniprésente sur l'éducation à la citoyenneté, à la démocratie, à l'altérité, ne parvient toutefois pas à combler ce manque. Pour quelles raisons ? Ce type d'éducation doit être pris en charge très tôt dans le cursus et non pas seulement de façon théorique. Chaque enfant doit pouvoir vivre l'éthique de façon concrète, en mettant ses actes en conformité avec ses croyances, dans sa famille, à l'école et dans la société. Il s'agit d'aiguiser son jugement moral, de le faire réfléchir sur son système de valeurs et de croyances et de lui permettre de le faire fonctionner. Mais pour que cette éducation éthique mise en place dans la famille et à l'école ait un sens, il est souhaitable que ces valeurs soient respectées à l'échelle de la société globale, de l'Etat, des Etats, de la planète. Si les jeunes enfants constatent chaque jour que les adultes et en particulier les responsables de l'Etat ne respectent pas eux-mêmes ces valeurs, la confusion naît inévitablement dans leur esprit. Aristote disait que les vertus éthiques étaient nécessaires pour gérer la vie politique ; on pourrait ajouter qu'elles le sont pour gérer la vie sociale.

Au niveau planétaire, d'autres préoccupations éthiques s'imposent aujourd'hui avec force et doivent entrer dans l'éducation à l'altérité que nous devons développer à l'école. Il s'agit de l'écologie, du développement durable de la planète, d'une répartition plus égalitaire des biens de la planète, d'une plus grande justice à l'échelle du monde.

ETRANGER

L'étranger n'est pas seulement l'individu qui appartient à un pays différent de celui dont on est ressortissant. C'est aussi celui qui n'appartient pas ou n'est pas considéré comme appartenant à la communauté d'une localité, d'un groupe, d'une famille. Il faut rapprocher le substantif "étranger" de l'adjectif "étrange", qui vient du latin "*extraneus*", qui signifie "extérieur", du dehors, étranger. "Etrange" signifiait d'ailleurs "étranger" à l'époque classique. L'étranger est celui qui est extérieur à un groupe et qui, de ce fait, semble étrange aux membres de ce groupe ; il frappe par son caractère inhabituel, son aspect singulier.

Ce concept d'étranger est intéressant à étudier dans le cadre de l'éducation à l'altérité. Lorsque nous étudions certains éléments de la réalité étrangère, ils nous apparaissent comme singuliers parce que la réalité est différente. Il nous faut donc, avant d'établir une comparaison entre ces éléments, comprendre ce qui est spécifique au contexte étranger étudié. Pourquoi cette réalité étrangère (culturelle, géographique, historique) est-elle ce qu'elle est ? Lorsque nous aurons compris ce qui en fait la spécificité, les éléments de cette réalité que nous aurons découverts et étudiés nous sembleront moins étranges.

Des liens entre l'éducation à l'altérité et l'éducation comparée sont à mettre en place. L'éducation comparée repose sur la comparaison avec l'étranger, proche ou lointain. Elle part du postulat que la comparaison, à condition qu'elle ne soit pas gratuite mais induite par des hypothèses et des perspectives, est productrice de sens. Cette rencontre avec l'étranger produit en effet du sens. Elle est pour nous un enrichissement, parce que nous découvrons une autre organisation, une autre cohérence (sociale, culturelle, éducative) et que, grâce à cette découverte d'une réalité étrangère, nous percevons mieux notre propre société, notre

propre culture, notre propre système éducatif et leur cohérence interne.
L'étranger est donc une source infinie de connaissances sur l'autre et sur nous-mêmes. Par la rencontre régulière avec l'autre dans son propre pays, nous apprivoisons aussi notre peur de l'étranger, car l'étranger est générateur d'angoisse. Des élèves qui partent pour la première fois à l'étranger dans le cadre d'un échange par exemple, disent tous leur appréhension et leur peur de se trouver face à l'inconnu, dans un pays dont ils ne maîtrisent pas parfaitement la langue, dont ils ignorent souvent les codes culturels, les connivences sociales. Ce n'est que par la pratique régulière de l'étranger, par les échanges, par les séjours hors de notre pays, que nous pouvons vaincre ce sentiment d'inquiétude, que nous pouvons apprivoiser l'étranger et nous enrichir de sa différence.

EVALUATION

On a l'habitude d'enfermer l'évaluation dans sa forme scolaire, de mesure des notes obtenues et de résultats aux examens. En vérité, cette notation ne constitue qu'une mince partie de la signification du concept d'évaluation. Celui-ci est d'amplitude beaucoup plus large, sur le plan sociologique, comme l'a bien montré Labov. L'acception pédagogique du terme n'est qu'une acception restreinte, qui n'a aucune signification notable à l'égard de la question de l'altérité. Il nous faut donc la prendre au plus large.

« Les grands appareils normatifs », dit Labov, nous portent, à chaque instant, à évaluer les gens, les situations, les institutions, bref, toutes les réalités sociales. Ils sont constitués par tous les moyens par lesquels nous portons un jugement de valeur sur une réalité sociale quelle qu'elle soit. Chaque personne, notamment, reçoit, même si elle ne le veut pas, même si elle ne le sait pas, une sorte de valorisation qui lui accorde une place dans une hiérarchie. Ainsi, on lui confère une identité de l'extérieur (comme chez Bourdieu).

C'est par là aussi qu'une telle personne se comporte non pas seulement en fonction de sa position sociale objective, mais aussi (et peut-être, volontairement, surtout) en fonction de la position sociale à laquelle elle aspire. De cette manière s'explique par exemple la célébrissime « hyper-correction phonétique de la petite bourgeoisie américaine » : celle-ci, en effet, cherche à pratiquer la langue comme elle croit que le fait la strate au-dessus d'elle et, du coup, en rajoute sur la prononciation de celle-ci (d'où « hyper »).

Ce faisant, en outre, elle se fait doublement repérer : d'une part pour ce qu'elle est (parce que sa correction linguistique est beaucoup trop forte), d'autre part pour ce à quoi elle aspire sans le dire (pour la même raison qui trahit sa véritable visée). Le « variationisme », dont Labov est le père, fonctionne selon la loi d'après laquelle on parle sa langue maternelle en fonction de la position sociale qu'on occupe.

En somme, on reconnaît l'appartenance sociale de quelqu'un à la manière dont il prononce sa langue.
Or, lorsqu'on aspire à accéder à la strate sociale juste au-dessus de la sienne, on commence toujours par singer ce qui est le plus accessible, c'est-à-dire justement, la manière de parler. On se met donc à imiter la parlure de cette strate, mais on l'imite telle qu'on la voit, c'est-à-dire avec trop de respect des normes et, du coup, on la falsifie et, en même temps, on se dévoile. Juste après la langue, bien symbolique par excellence (donc qui ne coûte pas cher), viennent les fréquentations « *cheap* », pour la montre, comme par exemple, celle des hebdomadaires que lisent, croit-on, les appartenants de la strate au-dessus.
Dans tous les cas, l'évaluation est ratée. Une strate inférieure évalue toujours mal une strate supérieure parce qu'elle lui attribue un comportement de « distinction » bien plus rigoureuse que la strate visée ne le pratique réellement ; d'autre part une strate sociale plus haute évalue toujours mal la strate sociale d'en dessous parce qu'elle lui attribue toujours une vulgarité plus grande que celle qui est réellement pratiquée. Les oppositions sociales, sont, dans la quotidienneté, des erreurs d'évaluation.
C'est dire que l'appréciation subit les mêmes erreurs. L'autre n'est pas considéré par un autre *ego* égal à moi en dignité, en tout cas, pour être optimiste, pas seulement. Il est aussi perçu comme supérieur ou inférieur, c'est-à-dire comme quelqu'un qui n'est pas exactement mon équivalent et avec lequel une réciprocité effective n'est pas réellement possible : ce dysfonctionnement engendre plutôt soit l'arrogance, soit la flatterie. En cela, la reconnaissance de l'altérité et son respect, constituent bien un long travail et un effort toujours renouvelé. Sinon l'organisation hiérarchique de toute société a vite fait de faire oublier l'autre en tant qu'autre, au profit d'un chef ou d'un esclave.

FANATISME

Le fanatisme est une attitude d'esprit foncièrement intolérante. C'est le fait de l'individu qui, passionné par sa croyance et soucieux d'en imposer le triomphe, ne recule devant rien, ni la violence extrême, ni la négation complète de l'autre, pour arriver à ses fins. Il porte un amour intolérant à « sa » vérité qu'il veut imposer par tous les moyens.

On le voit, cette attitude est l'antithèse même de la tolérance et du respect de l'autre. C'est le règne de la passion sur la raison. La dimension initialement religieuse du fanatisme s'est étendue à d'autres domaines, comme celui de la politique.

Voltaire, dans son célèbre article « Fanatisme » (*Dictionnaire philosophique*), définit ainsi ce comportement : « Le fanatisme est à la superstition ce que le transport est à la fièvre, ce que la rage est à la colère. Celui qui a des extases, des visions, qui prend des songes pour des réalités, et ses imaginations pour des prophéties, est un enthousiaste ; celui qui soutient sa folie par le meurtre, est un fanatique ». Et il évoque le crime fanatique qu'il estime le plus détestable. C'est « celui des bourgeois de Paris qui coururent assassiner, égorger, jeter par les fenêtres, mettre en pièces, la nuit de la Saint-Barthélémy, leurs concitoyens qui n'allaient pas à la messe ».

Aujourd'hui, ce fanatisme religieux ne cesse de se développer. L'attentat du 11 septembre contre le *World Trade Center* à New York en constitue une sinistre illustration.

Il correspond tout à fait à ce qu'en dit Voltaire :

« Lorsqu'une fois le fanatisme a gangrené un cerveau, la maladie est presque incurable. (...) Les lois sont encore très impuissantes contre ces accès de rage ; c'est comme si vous lisiez un arrêt du conseil à un frénétique. Ces gens-là sont persuadés que l'esprit saint qui les pénètre est au-dessus des lois, que leur enthousiasme est la seule loi qu'ils doivent entendre.

Que répondre à un homme qui vous dit qu'il aime mieux obéir à Dieu qu'aux hommes, et qui, en conséquence, est sûr de mériter le ciel en vous égorgeant ?
Ce sont d'ordinaire les fripons qui conduisent les fanatiques, et qui mettent le poignard entre leurs mains ; ils ressemblent à ce Vieux de la Montagne qui faisait, dit-on, goûter les joies du paradis à des imbéciles, et qui leur promettait une éternité de ces plaisirs dont il leur avait donné un avant-goût, à condition qu'ils iraient assassiner tous ceux qu'il leur nommerait. Il n'y a eu qu'une seule religion dans le monde qui n'ait pas été souillée par le fanatisme, c'est celle des lettrés de la Chine. Les sectes des philosophes étaient non seulement exemptes de cette peste, mais elles en étaient le remède ; car l'effet de la philosophie est de rendre l'âme tranquille, et le fanatisme est incompatible avec la tranquillité ».
Comme il le dit à propos du bouddhisme, Voltaire ne voit qu'un remède pour lutter contre le fanatisme, c'est la voie de la raison et de la philosophie. « Il n'y a d'autre remède à cette maladie épidémique que l'esprit philosophique, qui, répandu de proche en proche, adoucit enfin les mœurs des hommes, et qui prévient les accès du mal ; car, dès que ce mal fait des progrès, il faut fuir, et attendre que l'air soit purifié. »
Ces descriptions et ces analyses de Voltaire, si actuelles, ne peuvent que nous inviter à réagir rapidement, dans nos familles, nos écoles, nos sociétés, pour lutter contre ce fléau qu'est le fanatisme, quel qu'il soit. Nous devons œuvrer pour développer l'esprit critique de nos enfants, philosopher avec eux dès leur plus jeune âge sur des thèmes qui les préoccupent et dont on parle trop rarement (la vie, la mort, les religions, la politique, les savoirs, l'amour, l'amitié, le respect…) et lutter contre le dogmatisme et l'esprit de système.

FIDELITE

La fidélité est le respect de ses engagements : fidélité à soi-même, fidélité à la personne avec laquelle on s'est engagé sentimentalement, fidélité à la parole que l'on a donnée, fidélité littéraire au texte que l'on traduit…

La fidélité, quand il s'agit de respect à l'engagement contracté entre deux êtres, est à étudier en lien avec les concepts d'identité et d'altérité. En effet, la relation entre deux personnes ne peut pas être constante. Elle varie en fonction de l'évolution des deux individus qui ont passé le contrat. Chaque individu a une identité fluctuante. Un être ne reste pas semblable à lui-même tout au long de sa vie. Son identité conserve des traits permanents, sinon il n'y aurait plus à proprement parler d'identité. Mais des changements s'opèrent en chacun de nous avec le temps, avec les expériences vécues, les personnes rencontrées…

En fait, ce que l'on appelle « infidélité » peut être considéré comme une infidélité par rapport au contrat mis en place à une certaine époque, donc il y a infidélité par rapport à l'engagement pris à ce moment-là avec cette personne, mais les infidélités correspondent en fait à des identités différentes. C'est parce que l'on change, que l'on abandonne un peu du vieil homme pour se forger une identité différente, que l'on est attiré par des êtres différents. L'infidélité s'explique par notre transformation, par le passage d'une personnalité à une autre. Ceux qui ne se transforment pas, ou qui mettent toutes leurs forces à préserver leur moi profond, leur permanence identitaire, ont peu de chance d'être infidèles.

L'infidélité est en fait le signe que certains traits de mon identité ont changé, c'est le signe d'un changement intérieur (en moi, mais aussi en l'autre). C'est aussi parce que l'autre change que je ne le retrouve plus comme je l'ai connu. Nous ne nous transformons pas en même temps et donc nous ne nous retrouvons plus tels que nous nous sommes connus.

« Autrui est un relief comme j'en suis un, non existence verticale absolue » (Merleau-Ponty).
En effet, comment expliquer le fait que deux corps peuvent perdre la mémoire l'un de l'autre, que deux personnes qui ont éprouvé ensemble, à un moment de leur vie, un grand plaisir physique, ne se retrouvent plus quelques années après ? C'est qu'il n'y a plus cet équilibre si fragile entre l'*ego* et l'*alter* et réciproquement. C'est qu'il n'y a plus symbiose entre les esprits, les sentiments et les corps. Des transformations se sont opérées en chacun des deux êtres, qui ont miné cette symbiose. Identité et altérité sont bien concernées au premier chef dans l'infidélité.

FORMATION AUX ECHANGES

L'éducation à l'altérité doit nécessairement s'appuyer sur les échanges éducatifs. En effet, comment peut-on mieux apprendre le respect de l'autre et s'enrichir de sa différence qu'en séjournant chez lui, dans son pays et en le recevant chez soi ?

Toutefois, il est nécessaire, pour que l'échange soit constructif et atteigne véritablement ses objectifs, de le penser sérieusement et de proposer une véritable formation aux enseignants qui l'organisent.

En premier lieu, une réflexion sur les modalités de l'échange s'impose. Comment l'enseignant peut-il préparer l'échange ? Quels sont les acteurs de l'échange ? Elèves, enseignants, administrateurs, directeur, personnels d'intendance, inspecteurs, collectivités locales, médias, parents d'élèves… Quels sont les objectifs de l'échange ? Quelle évaluation va-t-on mettre en place ? Comment l'enseignant peut-il préparer l'élève ou l'étudiant à l'échange ? Par une préparation linguistique (dédramatisation de la faute, réflexion sur les stratégies de communication autres que linguistiques), culturelle (mise au jour des stéréotypes, décryptage de ses codes culturels et de ceux des autres, réflexion sur les notions de malentendu culturel et de dysfonctionnement culturel), psychologique (faire émerger les angoisses et les attentes de l'élève). Comment l'enseignant peut-il accompagner l'échange ? Comment peut-il l'exploiter ?

En second lieu, l'enseignant peut proposer un travail sur l'altérité et sensibiliser aux différences culturelles en s'appuyant sur des textes littéraires, des œuvres d'art, des jeux… Il invite ses élèves à réfléchir sur les finalités de l'échange et la philosophie du voyage à l'étranger, à travers la littérature (Hérodote, Sénèque, Rimbaud, Baudelaire, Flaubert, Michaux, Le Clézio…) et les récits de voyageurs.

Enfin, l'enseignant doit être conscient des problèmes relatifs aux échanges : les échanges sont inégalitaires et réservés aux plus favorisés ; ils ne modifient pas nécessairement les représentations stéréotypées mais peuvent les renforcer si la préparation n'a pas été suffisante ; les enseignants qui organisent des échanges bénéficient rarement d'une reconnaissance institutionnelle et leur responsabilité est engagée en cas d'incident lors du séjour à l'étranger ; le problème de l'harmonisation des cursus universitaires n'est pas entièrement résolu ; l'accueil des étudiants à l'étranger n'est pas toujours satisfaisant.

Il est urgent de former les enseignants à l'échange mais aussi de les former par l'échange. L'expérience de l'étranger est formatrice pour ceux qui vont devoir mettre en place des échanges. Une formation en éducation comparée s'avère également indispensable puisque le séjour à l'étranger doit nécessairement s'accompagner d'une connaissance du système éducatif du pays hôte, des méthodes comparatives et d'une réflexion globale sur l'altérité.

GENERATION

Dans les systèmes scolaires d'autrefois, c'est un concept qui ne revêtait aucune importance véritable. En effet, les tranches d'âge, au cours du cursus, restaient fixes et le temps de l'apprentissage coïncidait avec celui de l'enfance ou de l'enfance/adolescence. De plus, les plus vieux ne constituaient pas une génération : ils se trouvaient purement et simplement relégués. Désormais, les générations sont socialement et scolairement capitales et, d'ailleurs, donnent lieu à l'existence d'une « culture générationnelle », concept relativement neuf mais qu'il faut expliciter.

La culture des jeunes, expression souvent employée, n'est que vague parce que nul ne sait très bien où se termine la jeunesse. Les cultures générationnelles, au contraire, peuvent être plus précises parce que les générations sont connues, au moins pour leurs pratiques. Nul n'ignore aujourd'hui que les enfants de 14 ans sont spécifiquement différents, dans leurs goûts, leurs dépenses, leurs apparences, de ceux de 12 ans et qu'ils n'accepteraient à aucun prix de ressembler à ceux-ci.

L'enfance, dans ses tranches générationnelles, et pareillement l'adolescence, constituent un marché économique gigantesque, d'autant qu'elles interviennent (toutes les recherches le montrent) sur le choix de biens collectifs par les familles alors que ceux-ci ne les touchent pas directement : elles interviennent, par exemple, lourdement, dans le choix d'une voiture, celui d'un appartement, ou celui de quoi que ce soit qui se voit.

Pour l'éducation comparée, cela signifie qu'il est indispensable de prêter une attention précise à ce phénomène. Comparer des générations qui ne se correspondent pas scolairement (parce que les classes ne comportent pas les mêmes âges) ne servirait exactement à rien et serait même contre-productif. Il faut à la fois connaître le système éducatif partenaire (savoir à quelle génération correspond quel enseignement) et tenir compte des pratiques culturelles

exercées à tel ou tel âge, ainsi qu'à la situation de celui-ci dans la pyramide des âges locale.
Les choix sont d'autant plus compliqués que le degré d'implication sociale des plus jeunes générations diffèrent beaucoup d'une société à l'autre, par exemple dans les relations avec les parents et dans les rapports avec l'institution scolaire. Si les contenus éducatifs diffèrent fortement, une simple initiation s'imposera parce que tout approfondissement ne correspondrait à rien : il convient seulement de montrer à quoi peuvent être exposés, ailleurs, des élèves du même âge.
Enfin, les cultures générationnelles ont évidemment tendance à varier avec les autres appartenances sociales. L'âge ne confère pas les mêmes possibilités (ne parlons pas ici de droits et de devoirs) selon qu'on est enfant de telle ou telle catégorie sociale et même selon qu'on est enfant de tel et tel type de famille (en se gardant de tout jugement de valeur). Les générations de maturation sexuelle, par exemple, varient selon la position sociale occupée et selon les parents.
Sur tous ces paramètres, l'inscription dans une opération d'éducation comparée produit une aide inestimable, dans la mesure où elle permet à tous (jeunes, parents, éducateurs) de relativiser leurs propres systèmes et de constater que toutes les cultures ne procèdent pas de la même manière, ne se posent pas les mêmes questions et quand celles-ci sont identiques, n'y répondent pas de la même façon. Cette relativisation n'entraîne pas un scepticisme mais, au contraire, une réflexion dans le sens d'une meilleure harmonisation et d'une compréhension de soi optimisée.

GENEROSITE

La générosité est une valeur qui est liée à l'idée de partage. C'est parce que je vis l'altérité de façon altruiste et non égoïste que je me tourne vers l'autre et que je lui donne ce que je peux lui donner.
Certains rapprocheront la générosité de la charité, essentiellement connotée de façon religieuse. Effectivement, lorsque l'on pense à la générosité, on pense à la générosité envers le « prochain », c'est-à-dire le proche de la même famille ou du même peuple. « Envers les enfants de ton peuple, tu n'useras point de vengeance, mais tu l'aimeras comme toi-même » (*Lévitique*). Le prochain, c'est dans la parabole du Bon Samaritain, plus que le parent ou le compatriote, c'est l'homme, quel qu'il soit, même étranger de race, qui fait preuve de bonté et de dévouement. D'où le devoir de faire de même, de prendre l'initiative de la fraternité universelle, et de venir en aide à l'étranger comme on le ferait pour un membre de sa propre famille (Lalande).
C'est à la générosité envers l'autre, proche mais aussi étranger, que nous invite cette parabole.
Cette générosité, cet oubli de soi pour aller vers l'autre, pour partager ce que l'on possède, aussi bien sur le plan matériel que spirituel, l'enrichit, mais m'enrichit également. Par la connaissance que j'apporte à l'autre, j'échange avec lui et par le dialogue, je m'enrichis grâce à ce qu'il me dit.
Sénèque évoque la générosité des sages qui n'hésitent pas à partager leurs biens : « Ces biens ne doivent pas être gardés avec une jalousie mesquine ; ils augmenteront d'autant plus qu'ils seront partagés entre plus de personnes ». Il s'agit bien là du capital culturel qui, nous dit Bourdieu, ne diminue pas lorsqu'il est partagé, comme le capital économique, mais au contraire s'accroît, se diversifie et se multiplie, grâce à la générosité des donateurs.

Ceci n'est pas sans évoquer la rencontre décrite par Bachelard à propos de Martin Buber : « Nous vivons dans un Monde en sommeil. Mais qu'un *tu* murmure à notre oreille, et c'est la saccade qui lance les personnes : le moi s'éveille par la grâce du toi. L'efficacité spirituelle de deux consciences simultanées, réunies dans la conscience de leur rencontre, échappe soudain à la causalité visqueuse et continue des choses. La rencontre nous crée : nous n'étions rien – ou rien que des choses – avant d'être réunis ».

Quel rôle l'école peut-elle assumer dans cette éducation à la générosité ? L'enseignant peut, par l'exemple qu'il donne aux élèves, leur transmettre le goût de la générosité. Partager avec eux, sans compter, son capital culturel, son capital social, c'est leur assurer une reconnaissance, c'est les reconnaître en tant qu'*alter ego*, leur signifier qu'ils m'intéressent et que je suis prêt à partager avec eux. C'est ainsi qu'ils auront envie à leur tour de partager avec d'autres dans une démarche généreuse.

GUERRE

La guerre est souvent le fruit de l'incompréhension entre les hommes et elle est alors liée à une méconnaissance de l'*alter* par l'*ego* et réciproquement. C'est une épreuve de force violente entre des Etats ou des groupes ennemis qui engendre la mort. « La guerre n'est », selon Clausewitz, « que la continuation de la politique par d'autres moyens ». Pour Platon, elle est liée aux passions humaines. Pour Cicéron, la société universelle du genre humain ne devrait avoir qu'un but, la recherche de la sagesse, qui devrait se traduire ainsi : « Il apparaît que l'impulsion à aimer les êtres engendrés par nous vient de la nature elle-même. De là vient que, en général, les hommes sont confiés par la nature les uns aux autres : par cela même qu'il est un homme, un homme ne doit pas être un étranger pour un homme » (*Des fins des biens et des maux*).

On a toujours trouvé des justifications à la guerre, comme les guerres de libération par exemple. On en a même fait un instrument de progrès de l'humanité.

La guerre est toujours une solution ultime, qui traduit l'échec des négociations politiques (cf. la guerre du Golfe) et qui exprime la révolte des peuples opprimés (cf. Hegel, la dialectique du maître et de l'esclave).

Clausewitz note dans son ouvrage *De la guerre* l'évolution des formes de celle-ci au cours des temps. Longtemps conduite par des armées de mercenaires, la guerre connaît désormais une autre forme. En effet, c'est maintenant la nation toute entière qui est concernée et qui s'engage.

La guerre est dénoncée pour sa cruauté et sa barbarie, pour son mépris de la vie humaine. Les guerres ethniques, de plus en plus nombreuses, témoignent d'un profond mépris de l'autre et de sa vie. C'est la raison pour laquelle il faut éduquer les hommes au respect de l'autre, à l'acceptation de l'autre dans sa différence. L'éducation à l'altérité et l'éducation à la paix devraient constituer la priorité de l'ensemble des systèmes éducatifs du monde. Si, dans un passé pas si lointain, les conflits entre villages proches étaient fréquents en France et dans le monde occidental, ils ont été éliminés grâce à l'éducation et à l'ouverture qu'elle a prônée. Maintenant, il s'agit de développer cette ouverture sur le plan mondial. Les préjugés sur les autres peuples et les autres cultures demeurent et il est urgent de travailler à la connaissance de l'autre, qui nous apparaît proche par les médias mais qui demeure au fond toujours lointain, souvent énigmatique et mystérieux.

Il importe aussi de développer la démocratie et d'éduquer les peuples dans le respect de ses valeurs pour que, comme l'écrit Kant dans son *Projet de paix perpétuelle*, les nations puissent conjurer les méfaits de la guerre. L'éducation aux valeurs qui figurent dans *La Déclaration universelle des droits de l'homme*, comme la tolérance, le respect de l'autre, l'égalité, la liberté et l'humanité, constitue un préalable à la paix dans le monde et un rempart contre les dictactures.

HABITUS

Ce terme, né chez Max Weber et travaillé de fond en comble par Bourdieu, a connu un très large succès parce qu'il constitue une découverte essentielle en sociologie, qu'il est omniprésent et qu'il s'applique à de multiples domaines. Il forme une sorte de colonne vertébrale des sciences sociales et aussi de l'analyse des individualités et de leur propre classement. S'agissant de la lutte pour la reconnaissance de l'altérité et son respect, il est d'usage impératif et puissamment opératoire.

« L'habitus c'est, dit Bourdieu, la grammaire générative de nos comportements ». Il prend évidemment ici grammaire générative au sens que lui a donné Chomsky, qui consiste en l'intégration de principes morpho-syntaxiques qui permettent à celui qui les acquiert de faire, dans la langue considérée, des phrases à la fois correctes et inédites. C'est à travers cette maîtrise que Chomsky forge le concept de créativité, au sens rigoureux, qui est la capacité de fabriquer des énoncés.

Pareillement donc, un ensemble de principes fonctionnent en nous, de manière inconsciente et sans que nous les ayons acquis volontairement, qui nous font opérer nos choix et définir nos préférences (contre lesquels nous ne pouvons rien, sauf ne pas leur céder éventuellement). A l'aide de ces principes se construit ce que Bourdieu appelle magnifiquement une « anatomie du goût », c'est-à-dire le fonctionnement individuel d'une grille de choix selon laquelle nous sommes caractérisés (distingués, individualisés, identifiés, incomparables). Chacun de nous est, en fait, son habitus.

Bien entendu celui-ci dépend aussi de l'héritage, c'est-à-dire de la transmission que je reçois. Selon le milieu prime de mon inculcation, j'opère tel ou tel choix et je dégage telle ou telle préférence. On ne saurait parler fondamentalement d'inégalité parce que, intrinsèquement, nous ne sommes confrontés qu'à une différence d'habitus qui conduisent à des goûts et des préférences différents. La hiérarchie n'existe pas en elle-même, de même que toute identité est, principiellement, égale à toute autre.

Mais concrètement, c'est-à-dire socialement, dans la vie quotidienne, les dominations s'expriment pour les habitus comme pour le reste : dans ces conditions, il y a donc des habitus qui conduisent à des choix supérieurs à d'autres parce que leurs possesseurs occupent des positions sociales dominantes, donc qui exercent leur pouvoir sur les plus dominés, hiérarchiquement inférieurs. Le résultat manifeste dès lors qu'une domination existe, dans le domaine des habitus comme dans tous les autres.

En outre, mon habitus fait que mes préférences se ressemblent entre elles, comme il est normal. Par exemple, dit Bourdieu, si j'aime Proust en littérature, il y a des chances que j'aime Schumann en musique, Malevitch en peinture, un Château-Petrus, ou du chevreuil en nourriture sans compter les costumes Smalto. Telle est justement l'anatomie du goût, celle qui fait de mes goûts une construction unique par laquelle, par exemple, l'homme ci-dessus, en sport, a toute chance de préférer le golf.

De même existe-t-il de multiples « lignes de goût », qui constituent des types de personnalité qui se ressemblent et, d'abord appartiennent à la même famille sociologique, c'est-à-dire à la même catégorie. L'habitus proche va conduire à ce que ces personnalités proches se reconnaîtront entre elles, se fréquenteront et constitueront un groupe spécifique. Ainsi existe-t-il, pour l'altérité, des associations au sein desquelles se retrouvent ceux qui ont en commun la générosité, l'ouverture à l'autre, la capacité de considérer autrui comme un semblable, identique et différent à la fois. Au fond donc, nos choix sont à la fois déterminés (par nos habitus) et libres (par ce que nous en faisons).

HABITUS MEDIATIQUE

Bourdieu, évidemment, n'en parle pas lorsqu'il traite de l'habitus, mais, probablement que, s'il avait conçu sa théorie plus tard, il l'aurait appliquée aussi aux choix médiatiques parce que ceux-ci, désormais, appartiennent aux distinctions sociales, aux classements. Pendant longtemps, regarder la télévision a été considéré par les dominants, comme vulgaire, puis ils ont été emportés par la vague, notamment lorsqu'ils ont vu que passer à la télévision contribuait à être classé et distingué.

Dès lors, un équivalent de l'habitus médiatique est apparu, qui conduit à choisir, en fonction de la position sociale qu'on occupe et, surtout, de celle à laquelle on aspire, telle ou telle émission télévisée, ou tel ou tel comportement téléphonique. Les pratiques médiatiques ne sont plus condamnées en bloc mais de manière sélective, comme les autres pratiques culturelles et, pour l'instant encore, certaines émissions sont plus « distinctives » que d'autres, en attendant qu'elles meurent.

La construction de l'habitus médiatique s'opère sur la base des autres habitus hérités (comme c'est le cas pour d'autres habitus, acquis par soi-même et, largement, par imitation des gens à la strate desquels on souhaite appartenir) et aussi, donc, par ressemblance avec ceux au niveau desquels on prétend atteindre (et, la plupart du temps, se hausser). Les enfants, très jeunes, intériorisent le mécanisme, hérité de leur famille certes, mais aussi transmis par leurs pairs.

Le premier point de l'habitus médiatique consiste à ne négliger aucun média, mais à les classer par ordre hiérarchique de distinction, le cinéma en salle restant, par exemple, très fortement classant, au moins parce qu'il permet d'engendrer des conversations sur les films qui viennent de sortir et qui ne figurent pas encore, par la loi, à la télévision. Cette hiérarchie peut se transformer imperceptiblement sans

qu'on s'en rende vraiment compte d'emblée parce que les dominants ont modifié leurs pratiques à cet égard.
Il est possible, par exemple, que le caractère particulièrement distinctif d'une personne (un acteur, un homme politique, une star planétaire, un match hors du commun), draine, pour un moment, la fréquentation du cinéma vers la télévision. Il faut avoir vu sur le petit écran la finale de la Coupe du Monde de football en 1998, quand on ne disposait pas du premier privilège (dans l'ordre hiérarchique) : celui d'y assister, en chair et en os, au stade de France. Le phénomène va certainement apparaître un jour sur Internet.
L'habitus médiatique se singularise probablement en ceci que ce sont les plus jeunes qui, le plus souvent, y dictent la loi. Les médias ont incarné cet étrange pouvoir où les adultes se sont trouvés emportés par la vague inarrêtable du jeunisme, comme on l'a vu, par exemple, pour le phénomène « Harry Potter », qui possédait en outre l'avantage d'incarner des choix pluriels (qui pouvaient se rattacher aussi à un habitus littéraire). Nous sommes entrés, certainement, dans une ère de transformation des habitus.
Pour la relation à l'altérité, les habitus jouent aussi fortement, mais surtout les habitus comportementaux, ceux qui dictent les choix cosmétiques et d'habillement, les choix d'entretien de soi ou de l'environnement et les choix linguistiques, les choix de consommation gastronomique comme les choix de loisirs. Les habitus décrits par Bourdieu, centrés plutôt sur les préférences en matière de culture cultivée (sauf pour ce qui touche à la boisson, au vêtement, et au sport), restent en place, évidemment, mais sont en train d'être accompagnés d'habitus spécifiques à d'autres choix plus quotidiens. Les mêmes classements s'y confirmeront, bien entendu, parce que, nous le savons, ce sont toujours les mêmes strates qui cumulent les modes de domination.

HUMANITE

L'humanité est l'ensemble des caractères communs à tous les hommes et qui distinguent l'homme de l'animal.
Lorsque l'on parle d'humanité de l'homme, on évoque donc sa bonté, son indulgence, sa générosité, la compassion qu'il peut éprouver pour son semblable…
C'est aussi une doctrine qui s'oppose au racisme et aux doctrines totalitaires. Elle fait de l'humanité, comprise comme le caractère humain, complètement réalisé et constitué d'attributs uniquement positifs, la fin morale et politique par excellence (Lalande).
Epictète évoque Socrate comme un homme supérieur, donc possédant au plus haut point les qualités d'humanité et il lui fait dire : « Je suis celui qui doit s'occuper des hommes ». Belle représentation de l'altruisme. Il note aussi que le sage doit avoir à cœur d'exercer ses devoirs, car « il ne faut pas être impassible à la manière d'une statue ; il faut maintenir nos rapports naturels ou acquis avec autrui, comme homme religieux (sens étymologique de religion : qui relie, qui établit des liens), comme fils, comme frère, comme père, comme citoyen ». Là encore, l'humanité (la sagesse) se définit par rapport aux autres. Nous sommes liés aux autres et nous avons des devoirs vis-à-vis d'eux.
L'école doit enseigner ces devoirs que nous avons vis-à-vis de notre famille, de nos amours, de nos amis, de nos semblables. « Tu es responsable de ta rose » disait le Renard au Petit Prince. A la maternelle, l'enfant acquiert les rudiments de la socialisation, entreprise qui va se poursuivre tout au long de sa scolarité. Il va découvrir que l'homme ne doit pas être un loup pour l'homme, mais qu'il doit être solidaire de son semblable, qu'il doit l'aider s'il est dans le besoin, qu'il doit faire preuve de bienveillance vis-à-vis de lui et de compassion (Schopenhauer).

Ces vertus s'acquièrent dans la famille par l'éducation, mais aussi à l'école par la vie en commun avec les autres et là aussi, par l'éducation au vivre ensemble.
Il s'agit d'acquérir une morale de la responsabilité (Levinas) pour développer les liens humains et éviter qu'une tragédie comme Auschwitz puisse se reproduire. Auschwitz, c'est la négation de l'humanité ; c'est sur l'amour de l'autre que l'avenir devrait se construire. Donnons-en les moyens aux enfants et sachons qu'il s'agit d'une morale de l'effort (Kant) car les tendances animales de l'homme ne sont jamais bien loin et l'éducation ne doit jamais se relâcher. Les éducateurs doivent être vigilants et exigeants.

IDENTITE

On définit habituellement l'identité comme l'unité de l'individu ou un ensemble de traits permanents qu'il conserverait tout au long de sa vie. Ces traits lui permettent de s'identifier et, aux autres, de l'identifier. L'identité a plusieurs formes : elle est plus ou moins objective selon qu'elle est présentée par le sujet ou attribuée par l'entourage. Il y a rarement concordance entre les deux.

Ce concept est en logique la négation stricte de l'altérité. Lorsque je rencontre l'autre (l'*alter*), je le rencontre avec mon *ego*, avec mon identité personnelle, mais aussi avec mon identité sociale et culturelle. J'appartiens à une réalité sociale globale, située dans un lieu, dans une histoire, avec une culture, une organisation sociale, une économie. Je rencontre des individus qui n'ont pas la même identité sociale et culturelle que moi. La rencontre de l'*ego* et de l'*alter* peut provoquer un choc identitaire, qu'il s'agisse de l'autre, proche de moi et culturellement identique ou de l'autre lointain, différent de moi, étranger à moi par sa culture ethnique.

Mais la rencontre avec l'autre est aussi fondatrice dans la mesure où elle m'interroge sur ma propre identité et me permet de me construire. Elle m'oblige à me décentrer et à perdre mon égocentrisme (parce que je suis confronté à d'autres personnes), mon sociocentrisme (parce que je rencontre d'autres individus différents socialement) et mon ethnocentrisme (grâce à la rencontre avec des représentants d'autres cultures ethniques). Dans la rencontre avec l'autre s'opère un processus de connaissance - reconnaissance mutuelle qui nous enrichit réciproquement, puisque l'autre et moi sommes à la fois observateur et observé. Je prends conscience alors de mon identité différentielle. Ma culture est en général tellement intériorisée que je n'ai plus conscience des codes, des normes et des valeurs qu'elle véhicule. Et je reconsidère alors de façon objective les éléments de cette culture (sociale, ethnique, générationnelle, sexuelle, professionnelle, etc.) et de sa cohérence.

En ce sens je peux dire que le regard que je porte sur l'autre et que le regard qu'il porte sur moi sont décapants au niveau identitaire. J'apprends à mieux comprendre les éléments constitutifs de mon identité et de celle de l'autre. Certaines rencontres peuvent être les déclencheurs d'une identité plus consciente d'elle-même, d'une re-naissance. Elles peuvent être vécues comme des moments dangereux et déstabilisants. Et si l'individu n'a pas une identité suffisamment forte et construite, l'expérience de l'altérité peut être nocive et entraîner la confusion identitaire.

INCULCATION

Les familles et l'école constituent les deux grandes institutions qui contribuent à assumer le passage entre l'enfance et l'âge adulte. Elles sont également affectées, depuis plusieurs années, par des transformations fortes qui passent souvent par des soubresauts et brouillent les quelques pistes qui demeurent claires et peuvent nous guider dans une approche opératoire de l'altérité. En particulier, on tend à confondre inculcation et enseignement/apprentissage alors qu'ils ne doivent pas être confondus.

L'inculcation est le procédé par lequel des adultes insufflent aux enfants des comportements non par un enseignement institutionnel formel mais par l'exemple, l'imitation et des explications au coup par coup avec une évaluation totalement empirique. Les enfants absorbent ce qui leur est ainsi présenté et, peu à peu, finissent par l'intégrer au point qu'ils l'incorporent et oublient l'avoir acquis. L'inculcation réussit sans qu'on se souvienne qu'elle a eu lieu.

Bien entendu, il s'agit d'une transmission (« des générations des adultes à celles qui ne le sont pas encore » dit Durkheim) et d'une transmission sur le fondement d'une conformité. C'est la famille qui assume l'essentiel de l'inculcation et, très normalement, elle a tendance à privilégier les modèles auxquels elle croit et qui permettront au mieux, selon elle, d'aider les enfants à s'insérer sans heurts dans leur société, d'une part, et à se construire soi-même adéquatement, de l'autre.

L'enseignement, puisqu'on ne peut pas comprendre l'inculcation sans la comparer à lui, est beaucoup plus formel, s'exerçant par des professionnels, à horaires fixes, donnant lieu à des transmissions ordonnées et vérifiant, l'ensemble faisant l'objet d'une évaluation. Le point commun entre les deux activités est double : d'un côté l'autorité (exercée par la famille ou par les enseignants), de l'autre l'acquisition par

l'enfant de comportements dont on a préalablement conscience.
Or, l'inculcation familiale recèle en elle-même une puissante source d'inégalité compte tenu de l'héritage différentiel selon les milieux, les strates, les professions, les conditions de vie, les croyances... Ceux et celles qui bénéficient d'une inculcation orientée identiquement à l'enseignement par l'école tirent bien davantage profit de celui-ci et, du coup, mécaniquement, les écarts se creuseront. Il n'est pas question ici de porter un jugement de valeur, ni sur l'inculcation ni sur l'enseignement, mais seulement de marquer une cohérence entre eux ou une absence de cohérence.
Cela ne signifie évidemment pas que l'école elle-même ne soit pas source d'inégalité. Bourdieu et Passeron, les premiers, il y a quarante ans, on montré que la machine scolaire consistait en une entreprise de reproduction sociale qui entretient (au moins) les inégalités constitutives de la société. Simplement, il faut souligner que la fonction de cette institution consiste essentiellement en l'égalisation des chances et que celle-ci est obérée, dès le départ, par les inculcations familiales.
Reste le point central touchant l'inculcation : l'inégalité ou la différence des héritages, c'est-à-dire des transmissions parentales aux enfants. Ceux-ci, s'ils ont été élevés au milieu des livres, dans la fréquentation des activités culturelles de culture cultivée, s'ils ont acquis les principes de l'autonomie et le plaisir d'apprendre, sauront mieux utiliser l'école que les autres. Dès lors ces derniers apparaîtront de manière quasi-inéluctable comme de moins bons élèves et ne bénéficieront pas de l'effet scolaire qu'ils pourraient espérer. Tout le monde le sait, certains le disent, mais, depuis près d'un demi-siècle, on n'a pas vu le moindre commencement de solution constructive à ce problème quasi-unique de la réussite scolaire.

INDIFFERENCE

Pourquoi intégrer ce concept à notre réflexion sur l'altérité ? Tout simplement parce que l'indifférence est à l'affect ce que le scepticisme est à la connaissance. L'indifférence est une sorte de neutralité affective qui se traduit par une négation du choix due à une abolition de la hiérarchie des valeurs et à un désintérêt pour les autres. L'indifférent ferait affectivement abstraction des autres. C'est en fait une relation bien particulière à l'altérité.

L'indifférence peut apparaître comme la conséquence d'un certain stoïcisme qui veut que l'on ne doit s'attacher qu'à ce qui dépend de nous parce que le reste est, par définition, fluctuant et incontrôlable et, par là même, capable d'engendrer la souffrance contre laquelle nous ne pourrons rien. Le détachement affectif qu'est l'indifférence nous prémunit en quelque sorte contre les bouleversements de l'affect à l'image du sage bouddhiste qui recherche le nirvâna par l'extinction du désir.

Que penser de cette négation du désir ? Faut-il distinguer le désir lié à l'affect et le désir lié à la connaissance ? Désir affectif et désir intellectuel ? On sait que ce n'est pas si simple et tout enseignant peut dire combien le désir et la motivation d'un élève sont importants pour son apprentissage et pour l'acquisition de connaissances. De même, un enfant sociable, qui vit sereinement sa relation avec les autres, qui s'investit affectivement dans son rapport aux autres, qui est donc très loin de l'indifférence, a toutes les choses de vivre bien aussi sa relation au savoir.

L'absence de désir, en dehors du fait qu'elle peut être pathologique, n'augure rien de bon pour la future scolarité d'un élève. Au contraire, c'est à partir de la curiosité intellectuelle, du désir de connaissance et de rencontre avec les autres que l'enfant va progresser. Le repli maladif sur soi, l'inappétence pour la vie et pour les autres sont des signes inquiétants de malaise et annoncent de la souffrance.

L'école a pour mission de développer l'ouverture sur le monde et sur les autres ; elle travaille à la socialisation de l'enfant pour lui permettre de devenir un citoyen heureux et responsable, bien à sa place dans la société et dans le monde. Mais pour cela, il faut donner à l'enfant les clés de lecture du monde, il faut sans cesse aiguiser sa curiosité intellectuelle et entretenir le désir de connaissance des autres.

C'est par la rencontre avec l'autre que je pourrai mieux me connaître, moi aussi, et c'est l'action avec les autres qui peut donner un sens à ma vie. Sénèque disait : « la vie du sage s'étend au large ; elle n'est pas enfermée dans les mêmes limites que celle des autres hommes ; seul il est affranchi des lois du genre humain ». Le sage vit avec les autres hommes : « les grands esprits constituent de véritables familles ; choisis celle où tu veux être admis ; cette adoption te donnera non seulement leur nom, mais leurs biens eux-mêmes ».

Ce n'est pas l'indifférence qui peut permettre d'atteindre la sagesse, mais bien le désir d'atteindre le souverain bien, avec les autres, avec les sages. « Ces grands hommes te conduiront à l'éternité, ils t'élèveront en un lieu d'où personne ne te chassera ; c'est la seule manière de prolonger ton état mortel, et même de le changer en immortalité » (*De la brièveté de la vie*).

INTERCULTUREL

Le terme est aujourd'hui galvaudé et, à force d'être employé à tout instant, à tort et à travers, a perdu la puissance qu'il recèle pourtant. Et c'est sans doute précisément pour cela qu'on le rabâche : pour essayer d'effacer sa capacité déflagratrice et tout ce qu'elle implique de transformations sociales et personnelles. Certains proposent même de le remplacer par international, terme exactement insipide et dépourvu de signification autre que pauvrement instrumentale. Mais le concept survivra.
Il est né dans les années 1970, au sein des contextes migratoires, lorsque les pays (envoyeurs et receveurs) ont commencé à se préoccuper d'une situation pourtant vieille de presque un siècle : la scolarisation des enfants de migrants dans leur pays de résidence (dits alors d'accueil). Aucun universitaire, en France (contrairement à l'Allemagne) ne s'en préoccupait et chacun s'accordait, même au sein des organisations nationales et internationales, à s'en prendre au seul universitaire qui a pris conscience de l'enjeu en 1974 et à essayer de le liquider intellectuellement et socialement.
L'action essentielle, à l'égard de la légitimation du concept d'interculturel comme option pédagogique seule ouverte et s'adressant à tous les élèves (pas seulement aux enfants de migrants), a été conduite par deux organisations européennes puissantes et qui ont eu l'immense mérite, probablement à cause de leur position centrale dans le débat entre pays pourvoyeurs et pays récepteurs, de percevoir le problème et de mener des actions cohérentes pour essayer de le populariser puis de le résoudre.
Le Conseil de l'Europe, à Strasbourg, qui, en 1974 (date du véritable début de son activité interculturelle) comptait vingt-trois pays et la Commission des communautés européennes, à Bruxelles (qui, elle, à l'époque, ne disposait que de neuf pays membres). La première décision importante date de 1977 où Bruxelles adopte une directive obligeant les pays receveurs à

inscrire trois heures hebdomadaires de cours de langues et cultures d'origine au sein du cursus scolaire ordinaire. Ces ELCO (enseignants de langue et culture d'origine) ont été mille fois critiqués depuis, par tous ceux qui n'eussent jamais cru que l'affaire s'accomplirait, mais ils ont débloqué la situation.

L'interculturel, en effet, pédagogiquement, reposait sur trois principes essentiels (qui, évidemment, comme n'importe quel autre principe, sont critiquables, mais ont contribué, influence sans prix, à débloquer les machines institutionnelles et à mobiliser les chercheurs qui y ont vu, comme d'habitude, leur intérêt) qu'il faut aujourd'hui rappeler, pour l'exactitude.

- Toutes les sociétés, sans exception, sont désormais devenues définitivement multiculturelles et le phénomène ira manifestement en s'accentuant sans qu'on voie de limites.
- Dans ces conditions, la pédagogie (concrètement les systèmes éducatifs) doit tenir compte de cette multiculturalité, l'intégrer, l'inscrire dans ses pratiques ordinaires.
- L'option choisie, parce qu'elle paraît la plus généreuse, est celle de l'interculturel, parce que l'important est le préfixe « inter ». On pourrait dire en effet multiculturel, mais ce vocable peut signifier aussi bien une simple juxtaposition des diverses communautés étrangères dans un pays, alors qu'interculturel marque qu'on privilégie la circulation entre les cultures, l'échange, l'interaction, le partage et qu'on postule un bénéfice mutuel à cette interpénétration.

Une fois ces principes fixés, les spécialistes de langue, de sociologie et d'anthropologie ont perçu l'enjeu et ont inséré l'interculturel dans leurs préoccupations. Désormais, il est officiellement présent dans toutes les universités et dans bien d'autres lieux. Ce fut bénéfique mais, aujourd'hui, le processus commence à devenir nocif par sa banalisation même qui tend à le vider de tout enjeu.

INTERSUBJECTIVITE

C'est la phénoménologie qui a mis en exergue ce concept, évidemment capital pour l'éducation comparée parce qu'il possède le préfixe « inter » qui indique la mise en communication, l'échange, l'interpénétration.

L'intersubjectivité, c'est ce qui se passe entre des sujets, c'est-à-dire en ce qu'ils s'enrichissent l'un l'autre mais aussi dans ce qui les sépare. Le concept implique, bien entendu, une pluralité de sujets (au moins deux) qui entrent en relation et coopèrent (même éventuellement, en une opposition).

Un sujet, selon Sartre, est un être caractérisé par la liberté, c'est-à-dire la capacité de créer de l'imprévisible, de produire des ruptures. La liberté, à son tour, entraîne et implique la responsabilité. Un être libre est responsable de soi et de ses actions (et par ailleurs, mais c'est un autre propos, de tous les autres hommes). L'homme se caractérise par « un creux dans l'être » grâce auquel il est un être de rupture, doté de la liberté par sa capacité de création et aussi de néantisation.

Mais, pour qu'il existe un sujet, il est nécessaire qu'il en existe plusieurs. Il n'y a pas d'homme seul, pas de je sans tu, pas d'identité sans pluralité, pas d'individu sans des semblables. C'est pourquoi une subjectivité suppose toujours une intersubjectivité. Dans le langage inimitable de Sartre, « il n'y a pas de pour-soi sans pour-autrui », donc pas d'*ego* sans *alter*, c'est-à-dire sans *alter ego*. Si l'enfer c'est les autres, cela signifie que les autres sont en moi.

Cette fondation ontologique entraîne de multiples conséquences dans les sciences sociales et sur le plan de l'éthique. Ainsi, par exemple, la reconnaissance de l'altérité est une véritable nécessité, à laquelle on n'échappe pas sauf à se nier soi-même. Je suis toujours l'autre de l'autre et celui-ci contribue à me constituer. Si mon moi est tissé aussi par les autres, il en résulte que j'interviens aussi chez les autres et que je participe à et de leur identité.

Dans ces conditions, les heurts et les conflits constituent des aléas possibles des relations entre sujets. L'intersubjectivité n'est pas seulement celle du consensus, elle peut être aussi celle de la guerre et de la violence. Si je me pose en m'opposant, c'est justement parce que ma subjectivité, comme existence, suppose d'autres subjectivités, c'est-à-dire une intersubjectivité. La vie sociale constitue alors la condition humaine ordinaire à laquelle personne n'échappe. C'est parce qu'un sujet est fondamentalement dialogique. Un sujet libre exerce sa responsabilité dans ses rapports avec un autre sujet libre et c'est ce qui entraîne la reconnaissance de l'altérité et l'existence même de celle-ci. Si l'autre est un autre moi-même, cela signifie qu'il est aussi un *ego* et que je suis contraint, ontologiquement, de le considérer comme tel et donc de le traiter pareillement. Reconnaître l'altérité, en somme, c'est seulement se reconnaître soi-même.

L'intersubjectivité est ce qui fonde les sujets et non simplement un sujet. Il en résulte que celui-ci et ceux-là possèdent, intrinsèquement, des responsabilités, qu'ils ne peuvent pas ne pas exercer en vertu de la liberté qui les fonde. Ils sont à la fois, tous ces sujets, identiques et différents et c'est pour cette double raison apparemment contradictoire qu'ils entretiennent des relations par lesquelles même ils existent. Ce sont tous des êtres dialogiques.

L'intersubjectivité constitue, bien entendu, la source originaire de l'interculturel donc de l'échange, du partage, de l'enrichissement mutuel, de la communication créatrice, c'est-à-dire de l'intercommunication.

JUSTICE

La justice est l'une des quatre vertus cardinales (les autres sont la sagesse, le courage et la tempérance) considérées par Platon comme constituant la perfection morale. Appliquée selon un droit codifié, elle règle les rapports mutuels des citoyens et garantit l'équité entre eux. Elle reconnaît en toute occasion le droit d'autrui et donne à chacun l'assurance d'un traitement équitable. Elle est indépendante de tout intérêt et assure à chacun l'égalité civile.
Etre juste est une qualité qui consiste à s'abstenir d'agissements égoïstes et de jugements partiaux (Lalande). Nous voyons bien le rapport entre les concepts de justice et d'altérité. La justice garantit un jugement équitable à chacun des citoyens de la cité : la loi est la même pour tous ; chaque personne est considérée pour elle-même, par-delà ses caractéristiques individuelles, familiales, politiques, sociales...
Le sentiment de justice est très fort dans une démocratie. En effet, tous les hommes sont en principe égaux et doivent être considérés avec les mêmes normes et les mêmes critères. Et Voltaire nous dit, en se référant aux lois de Zoroastre : « Quand il est incertain si une action qu'on te propose est juste ou injuste, abstiens-toi ». Ce sentiment du juste est un sentiment divin, écrit-il aussi : « Qui nous a donné le sentiment du juste et de l'injuste ? Dieu, qui nous a donné un cerveau et un cœur ». C'est la raison pour laquelle « quiconque a écrit sur nos devoirs a bien écrit dans tous les pays du monde, parce qu'il n'a écrit qu'avec sa raison. (…) La morale est une, elle vient de Dieu ; les dogmes sont différents, ils viennent de nous » (*Dictionnaire philosophique*, Du juste et de l'injuste).
Pourtant, Montaigne et Pascal dressent de la justice réelle (et non idéale) un tableau saisissant qui en montre les incohérences. « Considérez la forme de cette justice qui nous régit, écrit Montaigne, c'est un vrai témoignage de l'humaine

imbécillité, tant il y a de contradiction et d'erreur ». La justice idéale est une chose, la justice (!) réelle en est une autre.
Les enfants ont tous très tôt le sentiment de la justice et ils ne supportent pas que des adultes enfreignent les règles d'équité. En classe, lorsqu'ils élaborent avec l'enseignant un règlement pour le bon fonctionnement de la classe, ils s'attachent à ce que les règles de justice soient minutieusement consignées. Ils ont le sentiment que commettre l'injustice, c'est toujours pour l'homme « asservir la partie la meilleure à la plus mauvaise » (Socrate). Efforçons-nous donc, en tant qu'éducateurs, à la plus grande cohérence par rapport à nos décisions de justice. Les enfants nous en sauront gré et mettront en œuvre, à leur tour, ces principes.

LANGUE

Pour aller à la rencontre de l'autre, il est préférable de connaître sa langue, à des fins évidentes de communication. La langue peut s'enseigner en contexte scolaire ou hors institution. La connaissance scolaire « traditionnelle » d'une langue étrangère est souvent problématique et décevante. L'idéal, lorsque l'on veut apprendre une langue en milieu scolaire (parce qu'on n'a pas la chance d'avoir des parents qui parlent deux langues différentes et de profiter ainsi d'un bilinguisme familial), c'est de l'apprendre dans le cadre du bilinguisme institutionnel. La langue étrangère est enseignée très tôt dans le cursus et elle est utilisée comme vecteur pour les enseignements disciplinaires.

De nombreuses écoles bilingues en France et dans le monde proposent une éducation bilingue, mais aussi biculturelle. Les enfants qui sont scolarisés dans ces établissements étudient souvent à parité horaire leur langue maternelle et une langue étrangère, dès l'école maternelle. Ils étudient également une seconde langue étrangère dès la fin de l'école primaire. Ces élèves possèdent donc trois langues à la fin de leur cursus secondaire et ils ont approché trois cultures de façon approfondie. Les qualités de décentration, de tolérance et d'ouverture aux autres que manifeste souvent le bilingue, à plus forte raison, le plurilingue, ont été mises au jour par les théoriciens du bilinguisme (Titone, Hammers, Blanc). Par l'éducation à l'altérité dont ils ont bénéficié au cours de leurs études, par l'acquisition de compétences linguistiques et culturelles diversifiées, ces élèves sont capables de s'insérer facilement dans un monde plurilingue et pluriculturel et de devenir naturellement des citoyens du « village planète ».

Nous pouvons dégager des conditions favorables à un apprentissage solide des langues et des cultures qui pourrait à terme permettre d'accroître le nombre de personnes bilingues et plurilingues dans le monde. L'enseignement doit se faire très tôt dans le cursus scolaire car les capacités langagières de l'enfant dès l'âge de trois ans sont très développées (acquisition rapide, sans accent) et il apprend de façon ludique et sans résistance. Un enseignement disciplinaire doit aussi être proposé en langue étrangère ce qui permet à l'élève de considérer la langue non plus comme un objet d'enseignement ou une discipline mais comme le vecteur indispensable pour l'accès aux autres disciplines. Enfin, l'enseignement doit être accompagné de rencontres fréquentes avec des locuteurs natifs de l'autre langue et, si possible, dans le pays étranger. La langue n'est plus alors considérée comme un code artificiel, mais elle est vécue comme un passage obligé pour parvenir à une communication avec des locuteurs étrangers dans leur pays.

LEGITIMITE

Fondamentalement, la reconnaissance de l'altérité et son respect supposent que l'autre est aussi légitime que moi, et que cette légitimité nous appartient comme à chaque personne, de manière égale en dignité. La légitimité c'est la morale du pour-autrui en action. La loi, qui, par définition, se trouve au fondement de la légitimité, est, en principe, égale pour tous et, dans ces conditions, fait de moi *l'alter ego* de l'autre et inversement. Le véritable principe de l'altérité est donc la légitimité.

Or, Bourdieu l'a clairement montré, il n'existe pas de légitimité intrinsèque, absolue, existant de toute éternité, comme descendue du ciel. Il y a en réalité, une légitimité par champ social et, là, donc, les conditions effectives de son apparition se révèlent clairement : ce qui est légitime, c'est ce qui a été légitimé par quelqu'un, par des hommes, à un moment donné et dans des conditions données. Une légitimité constitue donc une production historique, datée, fondée, construite.

Quelque chose qui n'était pas légitime, l'est devenu. Pour décider et prononcer cette légitimité, il existe dans toutes les sociétés et dans tous les champs, ce que Bourdieu appelle des « instances de légitimation », c'est-à-dire des institutions ou des groupes chargés, préposés, officiellement ou non, de décréter que quelque chose (comportement, œuvre, etc.) est légitime. Pour légitimer le vin, par exemple, il existe les œnologues, les goûteurs, les revues spécialisées, les diverses confréries de spécialistes, etc. Ce sont ces instances-là qui décrètent que tel vin est meilleur que tel autre et on suit leur avis parce qu'elles sont détentrices de ce pouvoir de légiférer (elles sont donc, sociologiquement, les dominants du champ).

Dans ces conditions, les légitimités changent avec le temps, au gré des rapports de force. Par exemple, sur le plan de l'enseignement, la deuxième moitié du vingtième siècle a vu la légitimation d'abord de la bande dessinée, puis du cinéma.

L'université, dans les deux cas, a fait partie des instances de légitimation, c'est-à-dire de ceux à qui l'on a donné le pouvoir de légitimer ce qui ne l'était pas auparavant, de faire passer la bande dessinée, puis le cinéma, de l'état de pratiques illégitimes à l'état de légitimité.

On voit bien que la légitimation est, fondamentalement, un décret provisoire qui provient du rapport de forces dans un champ donné. Les changements de légitimité font, à chaque fois, apparaître de nouveaux pouvoirs et engendrent un nouveau découpage de champ entre dominants et dominés. Dans les domaines culturels, comme on sait, les évolutions se font parfois lentement, parfois vite : la télévision n'est devenue que lentement légitime, Internet l'est devenu très vite.

L'altérité et sa reconnaissance, là-dedans, sont contraintes de suivre le mouvement. L'autre en tant qu'autre, s'il ne suit pas la même évolution que moi, nous allons nous quitter et même peut-être passer de dominé à dominant ou inversement. On voit donc clairement qu'il s'agit de valeurs morales et que l'*alter ego* relève de l'éthique : mais on perçoit aussi que la sociologie, dans la vie concrète contemporaine, s'impose souvent à l'éthique. Il n'y a pas seulement une altérité pure.

L'altérité est toujours, aussi, sociologique. Pas de morale sans société et dans ces conditions, c'est toujours la deuxième qui s'impose. Existe donc ce que l'on pourrait appeler une « altérité sociale » et celle-ci, cette fois, ne se trouve pas gouvernée par la loi de l'*alter ego* où chaque identité est égale en dignité à l'autre. Les sociétés et, plus près de nous, les champs sociaux, sont plutôt régis par les lois de la supériorité et de l'infériorité que par celles de la dignité. C'est la raison majeure pour laquelle la lutte pour l'altérité - *alter ego* - est incessante, toujours à recommencer, jamais achevée, interminable.

LIBERTE

Peut-être est-ce un concept qui fait peur par son amplitude même, mais simultanément, il est employé sans cesse et souvent simplement comme une rustine sur un trou. Il est donc indispensable d'en montrer les linéaments, d'en exhiber au moins les nervures. Au moins parce qu'il est indispensable à notre vie de citoyen (« liberté, égalité, fraternité ») et aussi parce que, en éducation comparée, il tient une place exactement décisive.
Kant a démontré sa pertinence utilitariste par sa célèbre comparaison de la colombe, dans la préface de la *Critique de la Raison Pure*. Une colombe vole dans l'air et, de ce fait, ressent celui-ci comme un obstacle, par son simple mouvement. Elle se dit donc, logiquement en apparence, que s'il n'existait pas, elle volerait plus aisément et avec moins de fatigue. Seulement, dès qu'elle en est privée, elle ne peut plus voler parce que l'air est une condition du vol.
Il est fréquent, comme ici, qu'un obstacle constitue aussi un moyen. Comme le montre aussi Hegel, lorsque le couvreur vise à construire un toit sur une maison, il a besoin d'eau ; et pourtant son objectif consiste à faire en sorte que l'eau ne pénètre pas dans la maison. Le menuisier, disait Aristote, impose sa volonté au bois en connaissant et respectant les lois du bois. On ne commande à la nature, selon Bacon, qu'en lui obéissant.
La liberté ne s'oppose donc pas au déterminisme, contrairement à la querelle absurde qu'on a faite constamment à Bourdieu. Au contraire elle a besoin du déterminisme pour s'exercer. Pas de liberté sans déterminisme. Bourdieu montrait que la société fonctionne selon des lois et non pas « par enchantement », mais que ces lois n'enchaînaient pas les individus. Au contraire c'est en les connaissant (et seulement par cette connaissance) qu'ils pouvaient agir sur elle et mettre en œuvre leur liberté : ce pourquoi la sociologie loin d'être seulement désenchanteuse

constituait aussi une science de la « défatalisation », capable, donc, de vaincre le destin.

La liberté, selon Sartre, caractérise l'homme parce qu'elle lui permet de faire des actes imprévisibles, de causer des ruptures, de ne pas être passif mais bel et bien d'assumer des initiatives dont il a la responsabilité (concept ontologiquement lié à celui de liberté). C'est par la liberté que l'homme dispose toujours du pouvoir au moins de résister et, au mieux de se libérer (sans paradoxe). Ce bien inaliénable, l'homme peut, toujours, l'utiliser à son profit (s'il le faut contre d'autres).

En éducation comparée, on ne peut même pas concevoir d'opérations effectives (c'est-à-dire entraînant des conséquences réelles) sans postuler la liberté des partenaires, élèves et enseignants. Le partenariat, l'échange, le partage, l'enrichissement mutuel, n'ont de sens que s'il s'agit d'acteurs libres, capables de s'impliquer et non pas de simples « choses » passives. Il n'y a d'ailleurs pas d'apprentissage sans liberté, il ne saurait y avoir qu'une mécanisation.

Dans l'éducation en général, où qu'on se trouve et parfois malgré les apparences, c'est la liberté qui rend possible la mobilité, le dynamisme, c'est-à-dire la vie même de l'apprenant et des connaissances qu'on lui propose : celles-ci ne sont intériorisées que si l'élève se les approprie, les incorpore, les transforme en lui-même et, pour atteindre cet objectif, il est indispensable qu'il s'implique, qu'il jette sa liberté dans la mêlée parce que seul lui peut apprendre pour lui, seul lui est responsable de son résultat et c'est donc uniquement parce qu'il est libre.

MAL

On distingue, depuis Leibniz, le mal métaphysique (l'imperfection), le mal physique (la souffrance) et le mal moral (le péché).
Nous ne nous intéresserons ici qu'au mal moral, dans la mesure où nous étudions ce concept en relation avec celui d'altérité.
Le mal (opposé au bien) serait le fait d'hommes méchants, mais, nous rassure Voltaire, « vous avez tout au plus sur la terre, dans les temps les plus orageux, un homme sur mille qu'on peut appeler méchant : encore ne l'est-il pas toujours » (*Dictionnaire philosophique*, article Méchant). Kant distingue deux formes de méchanceté, la méchanceté accidentelle et celle qui procède de la volonté de faire le mal pour le mal (« la malignité diabolique »).
L'esprit malin ou esprit mauvais, dans la Bible, anime celui que l'esprit de Dieu a abandonné. Mais le méchant n'est pas définitivement méchant puisqu'il peut se convertir car Dieu « fait lever son soleil sur les méchants et sur les bons » (*Evangile* de Matthieu).
Le mal, selon Lucrèce, serait utile à l'univers, ce que réfute Plutarque : « Il est ridicule de croire que, s'il n'y avait pas chez les hommes de mal, de désir insatiable et de mensonge, s'ils ne se calomniaient pas et ne se tuaient pas entre eux, le soleil n'aurait plus sa marche régulière, le monde ne connaîtrait plus les saisons… » (*Des notions communes contre les Stoïciens*). On trouve aussi le concept de mal dans la dialectique de Hegel, sous la forme de l'erreur annonciatrice de vérité et donc, utile à l'univers, puisque moteur de l'histoire.
Le mal moral est associé à la volonté de nuire aux autres hommes. C'est la négation et le mépris total de l'autre, de l'humanité de l'autre. C'est le fait de monstres qui « déploient le germe d'orgueil, de rapine, de fraude, de cruauté » (Voltaire).

Dans ce domaine, le XXème siècle a atteint l'horreur suprême avec la négation de l'autre et sa destruction systématique, décidée, organisée et assumée par un Etat (Pour Levinas et pour Blanchot, il existe désormais deux mondes : celui d'avant et celui d'après Auschwitz). C'est pourquoi la conscience collective de l'humanité devrait aujourd'hui réagir immédiatement devant toute manifestation de haine et d'intolérance à l'égard de l'autre, qu'il s'agisse de l'autre ethnique, culturel, sexuel, générationnel, social, politique... La différence est rarement perçue comme source d'enrichissement. Elle est souvent au contraire à l'origine de relégation et de violence. Des signes inquiétants d'intolérance, de racisme, de haine sont perçus quotidiennement dans nos sociétés dites démocratiques et respectueuses des différences. Les droits de l'homme y sont régulièrement bafoués. Le mal moral est loin d'être enrayé de la planète et il faut lutter chaque jour, par l'éducation et par l'action, contre ce fléau.

MALENTENDU

C'est un mot dont l'importance est centrale dans une pédagogie interculturelle et, donc, dans une éducation qui valorise la reconnaissance de l'altérité. Dans le contact entre étrangers, notamment, les significations linguistico-culturelles peuvent ne pas être immédiatement partagées et l'égalité entre deux *ego* ne peut s'accomplir que sur le fondement d'une compréhension mutuelle.
Certes, la psychanalyse a bien montré que, dans un échange linguistique, même banal et apparemment sans mystère, où chacun comprend ce que dit l'autre, un malentendu fondamental existe toujours et que même aux yeux de la même personne, la parole n'est jamais autre que chargée d'ambiguïtés. On n'adhère jamais pleinement à soi-même parce qu'on est toujours fendu, pluriel, mais dans l'échange quotidien et purement instrumental, cet inconvénient ou ce vide ne se manifeste pas de manière décisive. En gros, chacun comprend l'autre.
On le croit, en tout cas. Le malentendu interculturel peut se révéler brusquement et l'on découvre que quelqu'un n'est pas celui que l'on croyait. Les fidélités que l'on pensait ancrées se trouvent mises en doute d'un coup et, comme on dit justement, on perd la confiance de l'autre, ou, à l'inverse, on perd confiance en l'autre. De même, les sincérités entières peuvent un jour, sans qu'on y prenne garde, provoquer l'incompréhension de l'autre et entraîner une rupture parce qu'elle ont ouvert un malentendu que l'on n'attendait pas et montrent qu'existait une incompréhension invisible.
Quel est le fondement de ces éléments décisifs dans la communication réelle, qui fait que nul ne peut jamais être véritablement certain qu'il entretient avec l'autre le rapport qu'il croit ? Essentiellement parce que, lorsque je dis quelque chose, je dis toujours en même temps autre chose, même si, par hypothèse, je dis exactement ce que je voulais dire. Cet axiome n'est paradoxal qu'en apparence parce qu'il est

constitutif de la plupart des sciences sociales, en linguistique, en anthropologie, en sociologie, en psychologie.

D'abord, les mots sont polysémiques, même pour un même locuteur et, selon la parole célèbre, « dès qu'il y a langue il y a métaphore ». Même si je ne me supposais aucun interlocuteur ce que je dis aurait plusieurs significations possibles, comme l'indiquent suffisamment, à l'extrême, les jeux de mots, les blagues, les doubles sens, tous les paragrammes dont Saussure a montré la surabondance dans beaucoup de textes. Sous un texte, il y a fréquemment un autre texte. Nous fonctionnons dans le double langage.

Ensuite, celui qui nous entend, le destinataire éventuel ou n'importe qui d'autre, interprète nos paroles selon ses propres grilles linguistiques, lexicales, syntaxiques, sémantiques. Il transforme donc le sens du message que nous souhaitions délivrer ou que nous croyons avoir délivré. Phénomène particulièrement connu des enseignants qui s'aperçoivent très fréquemment que leurs élèves ont compris une autre signification que celle qu'ils voulaient donner. Or, c'est le destinataire, qui, en dernier ressort, fait le message. Le malentendu est donc au cœur même de la communication. Il est particulièrement visible lorsqu'il prend place dans un échange entre deux étrangers et c'est pourquoi le malentendu interculturel est toujours pris comme exemple. Mais c'est seulement une accentuation de traits qui caractérisent tout dialogue. Par conséquent, les relations à l'altérité sont toujours extrêmement fragiles et vulnérables. Elles ne forment pas un sol assuré sur lequel on peut faire fond. Ainsi doivent-elles, par essence même, être sans cesse remises en question, reprises, interrogées. C'est aussi ce qui en fait le prix, mais exige bien qu'on leur porte une attention de tous les instants et que chacun des deux y mette du sien.

MANICHEISME

Le manichéisme (doctrine de Manichée, Persan du IIIème siècle, fondateur d'une religion qui essayait de combiner le christianisme et la religion de Zoroastre) était fondé sur la croyance qu'il existait deux principes cosmiques opposés, le Bien et le Mal, en constante rivalité.

On parle d'attitude manichéenne pour désigner l'attitude de celui qui réduit tout problème à l'opposition entre deux forces, l'une bonne et l'autre mauvaise. Cette attitude simplificatrice se retrouve aussi bien dans le domaine moral que dans le domaine politique. En effet, le manichéisme moral ou politique divise sans nuances l'humanité en deux : les bons et les mauvais. Les doctrines totalitaires pratiquent souvent le manichéisme. Le président américain G. W. Bush qui sépare l'axe du Mal et l'axe du Bien, les forces du Mal et les forces du Bien, ne fait pas autre chose : attitude simplificatrice étonnante pour un démocrate !

Il convient, comme nous l'avons déjà signalé à propos du dogmatisme, de lutter très tôt à l'école contre cette tendance naturelle de l'individu : tout est blanc ou tout est noir, le gris n'existe pas. Pour ce faire, les éducateurs doivent développer l'esprit critique de leurs élèves, les amener à nuancer leurs jugements, leur faire comprendre que nul ne détient la vérité : « Vérité en deçà des Pyrénées, erreur au-delà » écrivait Pascal.

L'argumentation doit s'apprendre très tôt : chaque opinion doit être étayée, argumentée et soumise au filtre de la raison. Elle doit être confrontée avec celle d'autrui, elle aussi argumentée.

Les enfants doivent apprendre la modestie. Ils ne détiennent pas la vérité. Nul ne détient la vérité. Montaigne écrivait : « Quant aux facultés naturelles qui sont en moi, je les sens fléchir sous la charge. Mes conceptions et mon jugement ne marchent qu'à tâtons, chancelant, bronchant et chopant ; et, quand je suis allé le plus avant que je puis, ne suis-je aucunement satisfait : je vois encore du pays au-delà, mais d'une vue trouble et en nuage, que je ne puis démêler » (*Essais*, De l'institution des enfants).

Apprenons à nos enfants à ne pas simplifier, à ne pas émettre de jugement définitif ou manichéen. Apprenons-leur le sens des nuances. La vie en société n'en sera que plus facile.

MAUVAISE FOI

On peut dire légitimement que c'est Sartre qui a donné à ce concept ses lettres de noblesse populaires (si l'on ose dire) et que la psychanalyse, ensuite, a creusé ce sillon qu'à vrai dire elle avait ouvert la première. Aujourd'hui, la mauvaise foi se confond avec l'insincérité, la langue de bois, l'affirmation de n'importe quoi pourvu que cela puisse vous permettre de vaincre. Etre de mauvaise foi est quasiment devenu une vertu, celle de tromper l'autre et de ne pas respecter l'altérité.
La mauvaise foi, dit Sartre, c'est l'attitude que j'adopte lorsque je ne souhaite pas que ma responsabilité soit visiblement engagée alors qu'elle l'est réellement. Je cherche donc à me dissimuler, à ne pas exhiber ce que je fais ou ce que je crois effectivement, en m'abstenant, en apparence, de prendre parti, alors que, au contraire, je le fais bel et bien pour tirer les marrons du feu. La vie sociale d'aujourd'hui n'est faite que de mauvaise foi et personne ne peut plus croire personne sur parole.
Sartre prend, sans doute malencontreusement, l'exemple d'une femme en train de se laisser séduire et qui feint de ne pas s'en apercevoir pour que l'on ne puisse pas dire qu'elle est partie prenante là-dedans, ni même qu'elle a consenti à la situation. Elle feint donc de se transformer en chose, en objet inerte, qui ne serait pas doué de liberté et qui ne pourrait donc pas participer au débat. Il lui serait ainsi possible de dire, si elle est effectivement séduite, qu'elle n'y est pour rien.
La feinte de la non-liberté constitue donc le fondement de la mauvaise foi, de même que, chez Freud, la conscience opère des choix apparents que l'inconscient désapprouve : le désaccord entre les deux apparaît lumineusement dans les lapsus ou les actes manqués. Si je dis un mot pour un autre, c'est mon inconscient qui a parlé au détriment de ma conscience qui avait une intention objectivement insincère (même si elle était subjectivement sincère). Ce que j'ai dit en

me trompant apparemment, c'est justement ce que je voulais véritablement dire. Mon inconscient a parlé pour moi.

Pour cette raison, la psychanalyse accorde une importance déterminante au signifiant plutôt qu'au signifié (en utilisant une terminologie linguistiquement saussurienne). Le signifiant dit en effet autre chose que le signifié, il avoue ce que le signifié censure, il délivre le message que j'ai envie de délivrer mais que je m'interdis de délivrer. C'est de cette manière que je court-circuite le mensonge dont je me dis explicitement que c'est la vérité. Ce que je dis explicitement (en termes de signifié), c'est l'acceptable socialement et en apparence pour ma sincérité ; mais ce que mon inconscient prononce effectivement (en termes de signifiant), c'est ce qui correspond à mon désir profond, à ce que j'ai véritablement envie d'exprimer.

Désormais, dans la vie quotidienne, les chemins de la mauvaise foi sont de plus en plus fréquentés parce que c'est la victoire qui compte (par presque tous les moyens) et non pas la vérité. Dans la reconnaissance de l'altérité, un double langage est devenu un banal lieu commun. Je dis blanc et je pense noir, je proclame oui et je fais non. Mon comportement ne correspond pas à mes paroles et l'on considère ce phénomène comme de l'habileté. L'honnêteté et le respect de soi et, de manière égale, de l'autre, sont traités comme de la naïveté et un comportement de battu.

C'est pourtant dans cette partie apparemment perdue qu'il faut se lancer. L'authenticité reste une valeur pour quelques-uns : il y aura toujours de la mauvaise foi puisqu'elle est ontologiquement inscrite en l'homme, mais la reconnaissance des valeurs les plus hautes n'a pas encore disparu et elle reprendra le dessus.

MEDIAS

Le vingtième siècle a été à la fois celui de l'invention des médias, de leur apparition, mais aussi celui de leur invasion, de leur explosion, de ce que notre vie n'existerait plus sans eux et qu'ils ont modifié nos comportements au point de nous transformer nous-mêmes et de s'imposer à nous. Le seul véritable théoricien de ces nouveaux objets « électriques et électroniques » est un sociologue canadien, Mc Luhan, mort en 1982, et qui a tracé la perspective exacte que le développement des médias est en train de suivre.

C'est sans nul doute la raison pour laquelle presque personne, parmi les hommes de médias, et, plus gravement, parmi les chercheurs qui travaillent sur eux, ne se réfère à lui, parce qu'il faudrait nécessairement prendre position à son égard et que beaucoup de racontars apparaîtraient pour ce qu'ils sont.

Les médias forment un « village global »

Leur ubiquité, capacité à atteindre tous les lieux instantanément et n'importe quand, appartient en commun au téléphone, à la radio, la télévision et internet, qui constituent les quatre principales modalités médiatiques. Ils abolissent les distances et, donc, créent « la proximité du lointain », le sentiment que je sais tout en les regardant (beaucoup croient connaître Pékin, par exemple, simplement parce qu'ils ont vu un reportage télévisé sur cette ville) et, dès lors, fabriquent l'impression que nous vivons dans un village, que la terre est devenue un « village planétaire » puisque nous sommes persuadés d'être informés, grâce à eux, de tout ce qui se passe dans le monde.

C'est à cela que l'on réduit d'habitude la métaphore mcluhanienne. Mais elle est beaucoup plus forte que cela. Dans un village, en effet, tout le monde connaît tout le monde, certes, mais c'est une impression seulement parce que, de manière souterraine, existe toute une série de phénomènes cachés, de querelles tues, de secrets enfouis, de clans, de haines inexpiables, de silences ou de complicités tacites. Et c'est ce qui se passe, pour la planète, avec les médias : ils ne nous font savoir que ce qu'ils veulent, ils nous manipulent et laissent dans l'ombre, taisent, beaucoup d'événements aussi importants que ceux qu'ils montrent. Ils cachent plus qu'ils ne révèlent et disent ce qu'ils veulent.

« Le message c'est le médium »

Tel est, selon Mc Luhan ce que les médias mettent en nous insensiblement et il a raison. En effet, ils façonnent nos manières de penser, de sentir, de juger, de nous comporter. Ils fabriquent un monde factice que nous prenons vite pour le monde vrai et auquel nous accordons davantage de crédibilité qu'à celui-ci. Mais il s'agit, en vérité, d'un monde virtuel, coupé de la réalité et qui tend à se substituer à elle parce qu'il joue seulement la réalité, la mime sans conséquence.

En cela ce qui devient important, c'est moins le contenu de ce qui est véhiculé par les médias que le fait que celui-ci soit véhiculé par eux. Ils contribuent, pourrait-on dire en leur langage, à nous formater. Que la réalité vienne des médias devient plus important que la réalité elle-même. La télévision et le téléphone nous aident, par exemple, à confondre information et connaissance (ou savoir). Ils délivrent seulement des informations mais les destinataires les prennent pour des connaissances. Parce que les médias l'ont dit c'est vrai et ce phénomène nous habitue à penser à leur rythme, c'est-à-dire très rapidement, sensoriellement (et non pas rationnellement), globalement (et non pas analytiquement), superficiellement (et non pas réflexivement) et, surtout de manière éphémère, c'est-à-dire telle qu'on oublie aussitôt ce que l'on vient d'ingurgiter. Les médias envahissent tout inexorablement : il n'empêche qu'ils sont, aussi, dangereux.

METISSAGE

La querelle, depuis une vingtaine d'années, bat son plein au sein de l'univers pédagogique à propos de ce mot et du concept qu'il recouvre. Il faut noter que les conflits avaient commencé beaucoup plus tôt, à ce sujet, dans d'autres secteurs de la vie : politiquement, socialement, culturellement, la notion de métissage s'est trouvée valorisée ou vilipendée, promue ou mise au ban. Le problème de la couleur de peau et du mélange des couleurs, qui définit les métis, a bien vite été dépassé, hissé au rang de symbole du mélange et de la mixité et se sont affrontés ceux qui croient à une pureté et ceux qui valorisent le mixte.

Pédagogiquement, c'est la culture qui a constitué le centre du débat, c'est-à-dire l'enjeu. Pour les uns il y a, par exemple, une culture française propre, circonscriptible (capital) et qui ne se confond pas. Mais alors où commence-t-elle et où finit-elle ? Les jeunes Français voient cinquante pour cent de films américains, écoutent cinquante pour cent de musique anglo-saxonne et se les approprient. Faut-il dire alors qu'ils ne détiennent pas une culture française ?

Et dans le temps ? Peut-on affirmer, comme on le fait souvent, même dans l'enseignement, que les Gaulois sont des Français, même si, on le sait, on les proclame « nos ancêtres » ? Définir une culture française pure demanderait pourtant que l'on définît ses limites (et aussi bien d'autres). L'expression courante « Français de souche » possède-t-elle un sens autre que d'exclure certains Français comme ne relevant pas du même type d'ancêtres que d'autres ?

Bref, il semble aller de soi que, comme l'a magnifiquement montré Michel Serres, toute culture soit « métissée, tigrée, tatouée » et que le mélange soit la caractéristique décisive de chaque culture. Il n'y a pas d'autre culture que métissée et l'internationalisation croissante accentuera le phénomène. Les mixités sont appelées à se multiplier, les sources à s'accroître en nombre, les produits à mélanger leurs origines.

La communication planétaire (médias et voyages) est entrée dans les mœurs.

Il faut cependant prêter attention à un phénomène que les pressés (même des spécialistes) négligent fortement : ce développement du métissage n'exclut nullement les biens culturels clairement patrimoniaux, revendiqués comme tels et en lesquels des individus et des groupes se reconnaissent. Je suis à la fois citoyen du monde et, par exemple, ressortissant d'un coin de France qui possède son histoire propre, sa culture singulière, ses manières de faire et ses références.

Je suis tout à fait disposé à les transmettre, mais ce n'est pas le même processus que de les voir inscrits dans ses appartenances. D'une certaine façon, ils contribuent à fonder mon identité et ce que je peux faire d'optimal à leur sujet c'est d'y accueillir à bras ouverts des étrangers ; mais cela ne transformera pas ceux-ci en indigènes de cette culture particulière. Le bien propre se partage mais il ne produit pas les mêmes résultats selon qu'on y est né ou qu'on l'acquiert par après.

C'est pourquoi, redouter une uniformisation du monde, comme on nous en rebat les oreilles, est une absurdité. Même si, ce qui est juste, le métissage est la forme ordinaire de toute culture, il est lui-même en transformation constante, en évolution. Les partages s'opèrent par l'échange des différences, mais aussi, fondamentalement parce que tout homme, parce qu'il est homme, est identique à tout autre. Nous sommes, à la fois identiques et différents, exactement des semblables, dont les cultures, toutes métissées mais singulières, sont égales en dignité. Nous sommes « arlequinés » (Michel Serres).

MORALE DE KANT

Lorsqu'il s'agit de reconnaître et de respecter l'altérité de l'autre considéré comme exactement égal en dignité, la mobilisation de concepts de type éthique (nous le verrons) est indispensable, mais aussi de type moral. Il n'est pas irresponsable, dans ces conditions, de prendre la morale de Kant pour modèle parce que, jusqu'à maintenant, elle demeure une sorte de référence, au moins dans la quotidienneté. Nous ne la prendrons pas ici comme objet de discussions philosophiques mais seulement comme exemplification pratique.

Kant prétendait que deux paramètres seulement gouvernaient cette vie au jour le jour : « le ciel étoilé au-dessus de ma tête et la loi morale au fond de mon cœur ». C'est sur cette loi qu'il faut s'appuyer, à travers les préceptes que le philosophe en a tirés. Il a d'emblée fait recours à l'universalité même de certains principes qui seuls fondent une conduite morale : « Agis toujours comme si la maxime de ton action pouvait être érigée en loi universelle de la nature ».

Ce point est capital pour au moins deux raisons. D'abord celle d'après laquelle il faut user de maximes pour agir, c'est-à-dire de principes et, par conséquent, l'action morale relève nullement de la spontanéité mais demande un travail, un effort, une réflexion, donc une élaboration de critères. Ensuite celle selon laquelle, dans une action morale, l'universel se trouve mobilisé. C'est à partir de lui que l'on peut dégager des règles de conduite et trouver un guide sur lequel on peut se reposer à coup sûr.

Il est bien montré ainsi que l'*alter* est un autre *ego*, comme moi, séparés par nos différences mais identiques parce que nous sommes, à égalité, des hommes. S'il s'agit d'une loi universelle de la nature, en effet, cela signifie qu'elle possède les mêmes caractéristiques que les lois de sciences exactes, de la physique par exemple, qui s'appliquent toujours, à conditions identiques, quels que soient le temps et le lieu.

Notre conduite morale doit obéir à des lois universelles et aussi contraignantes que celles de la physique. Nos actions morales relèvent en effet de régularités vérifiables et qui possèdent une stabilité totale, une régularité toujours exigible et reproductible. On peut faire fond sur des lois et, bien entendu, ce n'est pas un hasard si Kant a employé ce mot, pour bien montrer que la relation à l'altérité n'était pas soumise aux aléas, mais s'imposait à moi comme une loi de la nature et que je devais lui obéir. Confirmation donc que l'altérité est une affaire de morale (et non de démonstration pure) mais qu'elle n'en repose pas moins sur des principes fixes.

« Ne fais jamais à autrui ce que tu ne voudrais pas qu'on te fît ». Il s'agit, là encore, de la proclamation d'une valeur universelle, dont nous sommes tous créditeurs, sans exception. La sentence marque bien le statut de l'altérité qui se trouve exactement le même que le mien, parce que nous sommes absolument équivalents. Autrui possède la même existence que moi, les mêmes droits et les mêmes devoirs. Il nous appartient donc de traiter l'*alter* comme un autre nous-même et d'agir envers lui à titre de réciprocité précise.

Comment se fait-il que l'autre soit équivalent à moi et symétriquement ? Telle est la question que pose Kant et la réponse qu'il fournit est, à mon avis, en pleine modernité. C'est parce que, dans chacun de nous, de manière égale, se trouve l'humanité. Aucun d'entre nous n'est plus ou moins humain que l'autre. Dans ces conditions, la reconnaissance de l'un par l'autre va avec celle de l'autre par l'un et entraîne nécessairement le respect mutuel. Tel est aussi le fondement de la tolérance, c'est-à-dire la reconnaissance, sur la base de ce fond commun, de différences qui distinguent le je et le tu mais ne les départagent pas. C'est pourquoi l'altérité devient aujourd'hui la question centrale des relations humaines, compte tenu du mouvement du monde qui accroît l'internationalisation et la multiplication des rencontres entre étrangers, qui, exactement, se valent.

NORD-SUD

Aujourd'hui, c'est une extrême minorité de la population mondiale qui utilise l'essentiel des ressources de la planète. Le fossé est manifeste entre les pays du Nord, industrialisés, riches, et les pays du Sud, pauvres et le plus souvent sans ressources économiques. Le processus de mondialisation tend à accroître les inégalités (et à les rendre plus visibles), le niveau de vie des uns progressant encore, alors que celui des autres diminue.
Lorsque nous parlons d'éducation éthique, elle s'impose au niveau local, mais aussi au niveau global et international. Les valeurs de justice et d'équité, en particulier, devraient être respectées au niveau planétaire.
Un Occidental peut-il vivre sereinement sa rencontre avec l'Ethiopien d'Addis Abeba ou de la campagne, qui vit en dessous du seuil minimal de pauvreté (95% des Ethiopiens), qui n'a pas les moyens de se soigner, qui vit dans des *toucouls* ou des bidonvilles sans eau et qui est menacé en permanence par la famine ?
Dans la rencontre entre l'Occidental, à l'abri de la faim, bénéficiant de tous les éléments du confort moderne et l'Ethiopien, qui, souvent, ne possède pour tout bien qu'un seul vêtement, qui souffre des intempéries, de la faim, qui meurt jeune par manque d'argent et de médecin, qui ne connaît pas le dentiste, n'y a-t-il pas une insoutenable injustice, due à « une insupportable légèreté de l'être » ? Pour ce nanti, le fait de croiser une petite fille de huit ans qui transporte, sur son dos cassé en deux, un immense fagot de bois, lourd et volumineux, qui menace de tomber à chacun de ses pas, ne représente-t-il pas un véritable choc des civilisations ?
Nous avons le devoir éthique, en tant que privilégiés de ce monde, de lutter pour réduire ces inégalités qui nous apparaissent aujourd'hui, avec la mondialisation, de façon si flagrante et si insupportable. Il n'est pas question ici de

« sanglot de l'homme blanc ». Il est tout simplement inacceptable que certains aient tout alors que d'autres n'ont rien.

Cette dimension éthique doit entrer dans l'éducation à l'altérité que nous avons pour tâche de développer à l'école. Il s'agit du regard empathique sur le monde, d'une répartition plus égalitaire des biens mondiaux et d'une plus grande justice à l'échelle de la Terre.

De nombreuses organisations non gouvernementales (ONG), sont conscientes de cet enjeu, luttent contre ces inégalités et en font prendre conscience aux nantis. Par exemple, l'« Aide au Développement International », basée à Liège, essaie, par ses activités, « d'améliorer la qualité de vie des plus démunis et de contribuer à l'information et à la formation des personnes qui sont désireuses de comprendre ou d'aider celles qui ne disposent pas des mêmes avantages qu'elles sur cette planète ». Il s'agit d'arriver à une meilleure connaissance de l'autre et de l'aider à se développer.

Il existe aussi des instances officielles qui partagent ce même souci, comme le *North South Center* du Conseil de l'Europe, l'Institut canadien Nord-Sud, …

Pour éviter que le processus de mondialisation ne devienne mortifère pour une grande partie de la population mondiale et ne creuse les inégalités entre les pays du Nord et les pays du Sud, il est indispensable que les différentes instances se mobilisent pour une véritable aide au développement, mais aussi que chaque adulte soit conscient des effets néfastes d'une mondialisation incontrôlée, sans soubassement éthique.

Il faut que l'école prenne en charge cette formation éthique qui permettra à chaque enfant, dans chaque école du monde, d'avoir une formation morale en accord avec les valeurs de la démocratie, d'apprendre le respect de l'autre, la solidarité et la générosité pour les plus démunis.

ON IGNORE CE QU'ON IGNORE

La formule, remarquable dans sa forme et dans sa richesse, se situe au cœur de l'éducation comparée et c'est par cette voie, aujourd'hui, qu'elle trouve une place décisive au sein de l'éducation tout court. On peut dire qu'elle est à la fois formidablement progressiste et redoutablement dangereuse selon la manière dont on l'interprète et les conséquences qu'on en tire. C'est pourquoi il est absolument nécessaire de lui faire une place et de l'expliciter.

Tout d'abord, elle souligne l'inégalité devant le savoir scolaire. Ceux qui savent ce qu'ils ignorent savent aussi ce qu'ils doivent apprendre et s'y impliquent activement. Ceux qui ne le savent pas « encaissent » ce qu'on leur enseigne sans toujours mesurer en quoi ces nouvelles connaissances les regardent et les touchent. Ils n'ont pas eu l'occasion de prendre conscience que leur ignorance existait et que d'autre part elle n'existait pas nécessairement pour tous.

Ceux qui ignorent ce qu'ils ignorent ont, normalement et sans que leur responsabilité soit obligatoirement engagée, tendance au dogmatisme, c'est-à-dire la tendance à penser que ce qu'ils savent est la vérité, toute la vérité et qu'il n'existe aucune autre manière de penser ou d'autres connaissances à maîtriser. Ils n'éprouvent pas le désir de se remettre en question, se contentent de ce qu'ils ont et même en sont fiers ; ils ne sont pas rares parmi nos ténors.

Celui qui sait qu'il lui reste beaucoup à apprendre, infiniment, est disponible, ouvert à la nouveauté, accueillant aux remises en question, prêt à comprendre que les connaissances ne sont jamais closes, qu'elles sont exactement interminables. Que nos décideurs, politiques ou éducatifs, viennent seulement de découvrir que l'éducation devait se dérouler tout au long de la vie, ne peut que prêter à sourire, parce que beaucoup d'entre nous ne l'ignoraient plus, depuis longtemps.

En éducation comparée, ignorer ce qu'on ignore est encore plus grave, parce que cette conviction contribue à fermer l'intéressé et à ce qu'il ne bénéficie pas de la rencontre avec l'autre, c'est-à-dire avec d'autres manières de penser, de travailler, d'apprendre, de se comporter. L'accueil de l'étranger n'aboutira pas à l'enrichissement par l'échange, au partage des savoirs mais aussi à des interrogations. On n'apprendra pas l'essentiel, c'est-à-dire à se poser de nouvelles questions.

Et puis, plus lourdement sans doute, ne pas savoir que d'autres savent d'autres choses et autrement, c'est considérer, éventuellement sans le savoir, mais souvent en l'affirmant hautement, que le système dans lequel on se trouve, les connaissances qu'il délivre, les valeurs qu'il véhicule, sont supérieurs à ceux du voisin, meilleurs qu'eux et qu'il n'y a donc aucune raison de changer. Nous nous trouvons là devant une solide définition du conservatisme.

Il faut donc lutter contre l'ignorance de ce qu'on ignore parce que ce phénomène contribue à l'inégalité devant la connaissance et contredit l'idée d'avancée, de questionnement. Il inclut la satisfaction de soi et à tous les sens du mot, l'autosuffisance. L'enseignement doit au contraire viser à construire l'appétit vers la transformation, la disponibilité, donc le dynamisme et l'initiative. Lorsque Bachelard écrit, superbement, que « la vérité est fille de la discussion et non de la sympathie », il exprime de manière exacte ce qui est en jeu ici. Discuter, c'est être en désaccord : il faut soit se mettre d'accord tout court, soit au moins se mettre d'accord sur ses désaccords.

PARTAGE

C'est un concept qu'on utilise relativement rarement et le dommage est considérable parce qu'il traduit bien ce qui est en jeu dans une relation à l'autre. Il constitue en effet, d'une part, l'espace commun qui se trouve entre deux *ego* et les relie et, d'autre part, la relative impossibilité, dans une authentique familiarité avec un autre, « de démêler le tien du mien ». Il affirme à la fois l'identité séparée des deux protagonistes et leur compréhension puissante, leur pleine acceptation mutuelle. Rousseau a insisté sur la distinction opératoire et décisive entre « amour-propre » et « amour de soi » et il faut y revenir. L'amour-propre renvoie à l'égoïsme de celui qui ne pense qu'à lui, ne se soucie que de lui et réduit tous les autres à des choses qu'il peut instrumentaliser et manipuler à son profit. L'amour de soi au contraire est le sentiment par lequel un individu prend conscience de son identité, de la personne qu'il est et comprend qu'il ne saurait être lui-même sans les autres.

On perçoit clairement que, dans le premier cas, le concept de partage se trouve exclu parce qu'on se trouve au contraire en face d'un enfermement sur soi, à la limite d'une certaine forme d'emprisonnement individualiste. C'est ce qui envahit vertigineusement la vie sociale d'aujourd'hui parce que celle-ci est envahie par la compétition dont le but, inavoué mais clair, consiste en l'élimination de l'autre. L'amour-propre préférerait la solitude si elle était possible, ou une forme de monarchie.

L'amour de soi est au contraire celui qui se trouve à l'œuvre dans une démocratie, c'est-à-dire dans une organisation sociale où, en principe tout au moins, l'autre compte autant que moi et constitue une condition de mon existence comme je forme une condition de la sienne. Le partage tient une place irremplaçable entre eux, justement parce qu'ils sont identifiés par l'échange et qu'entre eux ce qui se tisse s'appelle la réciprocité, ou la complémentarité, bref une sorte d'interdépendance.

Certes « partage » a été longtemps considéré comme appartenant au vocabulaire de la charité. Mais ce n'est pas le cas. Il incarne aujourd'hui une valeur distinctive, dans la mesure où une vie pleinement accomplie, dans notre société d'individualisme égoïste est une vie où un je et un tu, un *ego* et un *alter* (ou, bien entendu, plusieurs) forment la cellule-mère qui fait exister chacune des identités qui la composent. « Partage », loin d'être un consensus mou, est un composant de « substance » (essentiel).

En outre, chacun d'entre nous, lui-même, est profondément partagé, pluriel. Plusieurs existences sont en lui (ou, si l'on veut, il est plusieurs). Non seulement les rôles que nous tenons sont multiples, mais notre identité même n'est pas une. Orson Welles, dit-on, arrivant pour prononcer une conférence devant une salle au public clairsemé, s'exclama : « Pourquoi êtes-vous venus aussi rares alors que moi je suis venu aussi nombreux ?». Cette sentence exprime exactement ce qui est visé ici.

Un partage c'est donc à la fois une pluralité dans une unité et, complémentairement, une unité dans une pluralité (ce qui n'est pas du tout la même signification). Dans le principe il est par conséquent inépuisable et, au fond, représente la représentation altruiste dans toute son ampleur : il ne s'agit pas d'une oblativité, d'un oubli de soi, mais d'une orientation vers l'autre et de l'autre vers soi. Cette bi-directionnalité ne se confond pas avec une fusion ni, dit Bourdieu, avec une « communion les yeux dans les yeux », mais avec une authentique communication. « Parce que c'était lui, parce que c'était moi » exprime, dans l'amitié célèbre entre Montaigne et La Boétie, l'essence même du partage, sa caractéristique par laquelle chacun est avec l'autre, inséparablement.

PASSION

« Rien de grand n'a jamais été ni ne sera jamais accompli sans les passions » écrivait Hegel. « La passion est toute l'humanité » ajoutait Balzac.

Si la passion a souvent été condamnée comme ennemie de la sagesse par les moralistes grecs par exemple, qui voulaient plutôt en maîtriser les effets que les supprimer, il faut reconnaître qu'elle est créative. Elle permet à l'esprit de se concentrer volontairement dans une activité jusqu'à son achèvement ultime. « Une passion est une tendance d'une certaine durée, accompagnée d'états affectifs et intellectuels, d'images en particulier, et assez puissante pour dominer la vie de l'esprit » (Lalande).

La passion, c'est aussi la souffrance qui émane de l'union de l'âme et du corps, ce que le mystère de l'incarnation rend possible et inévitable.

C'est donc aussi bien la passion amoureuse, la tragédie que vit Phèdre dans son corps, dans son cœur et dans sa tête que l'énergie immense qui est à l'origine des conquêtes de Darius, Alexandre ou Napoléon.

Conçue parfois comme « maladie de l'âme » (Kant), « émotion de l'âme » (Descartes) puisqu'elle ne laisse pas le sujet parvenir à la réflexion, la passion est aussi force et énergie. On distingue aussi les passions « tranquilles » et les passions « agitées », ce qui recoupe l'opposition précédente, à savoir les passions constructives et les passions destructives.

Pascal précise que « les passions qui sont le plus convenables à l'homme et qui en renferment beaucoup d'autres, sont l'amour et l'ambition » et il ajoute : « A mesure que l'on a plus d'esprit, les passions sont plus grandes. (…) Je ne parle que des passions de feu, car pour les autres, elles se mêlent souvent ensemble, et causent une confusion très incommode ; mais ce n'est jamais dans ceux qui ont de l'esprit. Dans une grande âme tout est grand ».

Pourquoi étudier le concept de passion en lien avec celui d'altérité ? C'est que l'homme passionné est un être de désir, aussi bien physique qu'intellectuel. Il est donc spontanément tourné vers l'autre, vers l'action, souvent avec les autres, pour lui et pour les autres.

Des êtres indifférents, qui ne s'intéressent à rien, à l'inverse des passionnés, sont des êtres qui auront bien évidemment des difficultés à agir, puisque tout leur indiffère. Comment faire avec des élèves qui ont ce profil ? On sait bien qu'il est plus facile pour un être passionné de se mobiliser tout seul pour l'étude. Pour ce dernier, l'accès aux connaissances et la découverte du monde sont à portée de main. Quant à l'élève indifférent, il faut réussir à éveiller son désir pour un champ d'activité, pour qu'il puisse trouver du plaisir dans ce domaine, et ensuite peut-être se passionner pour d'autres activités.

Le passionné est, de tous les caractères, celui qui se livre le plus profondément et le plus durablement au travail et, pour reprendre Hegel, rien de grand ne s'est accompli dans le monde sans passion.

PHENOMENE SOCIAL TOTAL

Comme on sait, l'expression et le concept qu'elle exprime viennent de Marcel Mauss. Pour lui, un phénomène social total est un phénomène social particulier à travers lequel on peut lire l'ensemble de la société considérée (comme dans chaque monade leibnizienne on voit la totalité des autres mondes). L'école est l'une des institutions, depuis un siècle, qui méritent le plus l'appellation de Mauss parce que les transformations sociales permanentes se sont toujours traduites en elle.

L'altérité constitue, à elle seule, me semble-t-il, un phénomène social total. En effet, pour être comprise et assumée, elle exige un sujet, un je, mais aussi, par définition, un tu, un autre sujet. Chacun d'eux est également doué de liberté et de responsabilité. Tout homme est un *ego* et l'autre est pour lui un *alter* tout en étant un *ego*, donc un *alter ego*. La difficulté majeure consiste non pas seulement à penser l'autre comme un *ego* (ce qui n'est déjà pas facile), mais surtout à considérer que moi-même je suis un *alter* pour l'autre *ego*. On peut, sans risque de se tromper, attribuer à cette double difficulté (mais surtout à la dernière) la persistance et peut-être même l'augmentation de la xénophobie à travers le monde.

Le phénomène essentiel de l'altérité c'est donc le rapport avec l'autre et la reconnaissance de celui-ci. On peut légitimement dire qu'il s'agit d'un phénomène social total parce que l'ensemble de la société se trouve présent et engagé dans l'instauration de cette relation entre deux *ego* qui sont aussi deux *alter*. En effet, dans le monde de l'internationalisation croissante, où l'étranger rencontre tous les jours un autre étranger pour lequel il est lui-même étranger, c'est bien cette dimension qui constitue l'enjeu principal de la vie des hommes. La maîtrise de l'altérité est aujourd'hui au centre du monde.

La décentration est en train de s'imposer comme une nécessité à la fois concrète et humaniste. Se décentrer ne consiste évidemment pas à renoncer à sa propre identité, qu'il faut consolider à chaque instant ; au contraire l'opération consiste à se mettre à la place de l'autre, ou essayer de saisir comment il voit le monde (sa *Weltanschauung*), comment il apprécie les choses et les autres, bref à percevoir sa perspective sans pour autant renoncer à sa propre centration c'est-à-dire à soi.

Pourquoi peut-on considérer qu'il s'agit là d'un phénomène social total ? Précisément parce que l'interpénétration entre les cultures est de plus en plus fine et de plus en plus innervée. Autrui, qui, ontologiquement, a toujours été présent en moi, est aujourd'hui sociologiquement inévitable et partenaire incontournable de toute entreprise (commerciale, éducative, esthétique, etc.). Le risque est justement à l'inverse : que chacun devienne étranger à soi-même par perte de soi dans le monde.

Les guerres n'ont jamais été aussi nombreuses et pourtant l'information mutuelle sur les sociétés n'a jamais été aussi abondante. Le prochain est aussi bien un ennemi qu'un allié et, dans les deux cas, il est dépouillé de son essence de prochain : il cesse d'être un semblable pour devenir un adversaire ou un simple être parmi les êtres de la terre, sans recueillir le respect et la tolérance auxquels il a droit précisément comme *alter ego*. Le phénomène social total nous montre les sociétés comme elles sont : soit en voie de déshumanisation, soit au contraire, en marche vers l'équilibre de l'égalité en dignité.

C'est pourquoi le rapport à l'altérité pose véritablement le problème du monde tel qu'il va et de l'avenir tel qu'il se dessine. Selon les relations que des étrangers parviendront à construire entre eux, le phénomène social total montrera un apaisement planétaire ou une série d'explosions incessantes.

PHILOSOPHIE DU NON

L'expression constitue, comme on sait, le titre d'un livre de Bachelard, dans lequel celui-ci explique que, sur le plan épistémologique des sciences de la matière, il fallait méthodologiquement s'efforcer à penser contre ses propres pensées spontanées, à ne pas se laisser emporter par ses impressions et même par ce que l'on croit être des vérités premières, précisément parce que celles-ci n'existent pas et qu'existent seulement des erreurs premières. Si nous ne nous surveillons pas, donc, notre spontanéité nous empêchera de penser.

Chez Nietzsche aussi, préalablement, on rencontre des analyses semblables. Il faut, disait-il, s'habituer (par un entraînement sévère, difficile et sans cesse à remettre en question) à penser « malgré », c'est-à-dire malgré soi, malgré les évidences, malgré ce que l'on croit savoir, malgré ses propres tendances ou ses propres tentations. La véritable pensée s'élabore toujours contre soi d'abord, parce qu'elle demande une sorte d'hygiène intellectuelle par laquelle on se lave de toutes les scories que nous a livrées le passé et que les pensées toutes faites ne sont pas des pensées. Les pré-notions nous envahissent toujours, c'est-à-dire ce que nous croyons savoir, ce que nous considérons comme allant de soi, ce que nous ne mettons pas sérieusement en question. Or, c'est justement là que résident les obstacles à toute pensée autonome, c'est-à-dire véritablement opératoire. Sans nous en apercevoir, nous laissons les croyances et les opinions remplacer les pensées et, d'une certaine manière, nous cédons à la facilité, nous abdiquons, nous nous laissons aller et, au fond, croyons savoir.

Or, il y a une différence capitale entre croire qu'on sait et savoir qu'on sait. Dans le deuxième cas seulement, nous pouvons démontrer, c'est-à-dire administrer une preuve, qu'un esprit méthodique et prudent percevra comme touchant bien à la vérité et, donc, constituant bien une connaissance.

Quand on sait qu'on sait, on sait pourquoi et l'on est en mesure d'en rendre compte (le *logon didonaï* de Platon). Croire qu'on sait constitue simplement une *doxa*, une opinion, un *ersatz* de savoir, pas un savoir du tout.
Newton, dit-on, couché sous un pommier, voit tomber une pomme et se demande par quel mécanisme celle-ci se dirige vers le sol. En travaillant, il comprend que, pour comprendre, il lui faut renoncer aux évidences de sa perception. En réalité, la pomme ne tombe pas, pas plus que la lune. Pourquoi celle-ci, en effet, ne tomberait-elle pas sur la terre comme la pomme ? C'est qu'elle est maintenue dans sa position par un réseau de forces différentes qui s'équilibrent et la maintiennent où elle est.
L'évidence démontrable (et non pas première) est donc celle-ci : la lune tombe sur la terre, malgré les apparences et les croyances, mais est maintenue dans sa chute par des forces complémentaires et antagonistes. Pareillement donc, ce sont les mêmes lois qui s'appliquent à la pomme et auxquelles celle-ci obéit parce que les forces qui la gouvernent, de même nature que celles qui gouvernent la lune, ne peuvent rien sur elle, compte tenu de sa position et de tous les paramètres qui composent celle-ci.
Comprendre s'oppose donc le plus souvent à percevoir. C'est en travaillant contre, dans le non, qu'on possède les meilleures chances de parvenir à la connaissance véritable. Qui oserait affirmer que, dans les sciences sociales, il en va autrement, même si la plupart des « spécialistes » actuels se contentent, précisément, d'obéir à leurs évidences immédiates et, donc, ne construisent aucune connaissance ? L'altérité est un concept qui se construit et il ne faut pas, pour la reconnaître et la respecter, que l'individu se laisse aller à ses propres penchants. L'équivalence entre mon *ego* et l'*alter ego* je l'élabore par un effort constant, par un travail de tous les instants. La vérité n'est jamais définitivement atteinte et, si je fais de l'altérité une simple croyance, elle sera inéluctablement, un jour ou l'autre, détruite.

POTLATCH

On sait que le concept a été fortement élucidé par Marcel Mauss et qu'il est resté d'un usage déterminant dans la situation actuelle sans que, pourtant, presque personne ne s'en préoccupe encore. Le potlatch, c'est le phénomène du don/contre-don : une communauté, ou une personne, fait un don à une autre et, dès lors, celle-ci doit lui rendre un don encore supérieur, afin d'être à la hauteur, c'est-à-dire de conserver et mériter son identité, qui, comme on voit, est ainsi mesurée par le regard des autres.

Celui qui reçoit le premier donc se sent obligé par le don et, en même temps, l'obligé de celui qui donne. Il ne peut pas faire autrement que de compenser, en somme, l'action dont il vient d'être bénéficiaire, parce qu'il lui faut prouver (et aussi à lui-même) qu'il est capable de rendre la pareille et que, par conséquent, il a mérité le don qu'on lui a fait. Le potlatch constitue à la fois une offrande et une sorte de marché, tous les deux réciproques et qui, sans jeu de mots, s'enrichissent mutuellement. La conception fondamentale du potlatch, c'est celle d'une société qui repose sur le don, la réciprocité et l'obligation de l'échange. Les sociétés actuelles, beaucoup plus individualistes que les sociétés anciennes, gagneraient cependant à adapter cette base à leur nouvelle forme : comme le montre Lévi-Strauss, en effet, toute société repose sur l'échange (celui des biens et des signes notamment). Ce qui importe, en effet, c'est que chacun des sujets se trouve sollicité et participe aux transactions générales.

L'altérité, dans de telles conditions, se trouve exemplairement incarnée. Le don suppose à la fois un donneur et un receveur, donc deux individualités équivalentes en dignité et qui se prennent l'une pour l'autre au sérieux, donc se respectent et, d'une certaine manière, se font exister mutuellement. L'objet de la transaction, le don, joue donc le rôle d'un intermédiaire, au sens fort du terme, c'est-à-dire de

ce qui relie deux entités et leur établit un territoire commun et partagé.
Le potlatch est, par conséquent, une source de socialisation et ce qui permet aux acteurs sociaux d'exister. L'altérité, dès lors, devient bien indispensable à l'identité et chacun des deux sujets n'existe bien qu'à travers une intersubjectivité. Le respect de l'autre devient même le fondement de l'identité propre. Un problème se pose cependant : est-on en droit, dans une telle situation, de parler d'individualité propre, singulière ? Celle-ci n'existe-t-elle pas, en quelque sorte, qu'à l'état duel, *alter* et *ego* à la fois ?
Or, il s'agit d'une question en train de devenir centrale dans les sociétés d'aujourd'hui. Ne sommes-nous pas en train de voir l'apparition d'individus dotés d'un *ego* mais qui ne reconnaissent aucun *alter* ? N'assistons-nous pas à la naissance de personnalités qui considèrent tous leurs semblables comme des choses et n'en perçoivent donc aucune réciprocité ? L'individualisme forcené qui s'impose peu à peu ne conduit-il pas à l'inverse de ce que propose l'éthique, c'est-à-dire à une négation de toute société ?
Ainsi, ce serait l'égoïsme qui triompherait, au détriment du rapport à l'altérité, ou, même, au détriment de celle-ci tout court. La notion d'autrui garderait, évidemment, sa valeur ontologique (contre laquelle personne ne peut rien), mais perdrait son existence subjective pour un je purement égocentré. S'il en allait ainsi, on se retrouverait dans une sorte d'état de guerre primitif, mais sous une forme moderne, encore jamais connue par l'humanité. Il faut bien dire que plusieurs lignes d'évolution semblent aujourd'hui aller dans ce sens, celui d'un enfermement sur soi qui nie les autres. Il y aurait, dès lors, une contradiction sans cesse plus ouverte, entre les proclamations publiques affirmant l'éthique et les comportements personnels complètement opposés, qui viseraient la négation de l'autre.

PREJUGE

Etymologiquement, c'est ce qui intervient avant le jugement, donc ce qui n'est pas garanti par celui-ci. Il ne se confond pas avec l'antéprédicatif de Husserl, qui renvoie à une « couche » de conscience autre que celle de la logique et qui relèverait plutôt de la sensibilité d'avant la raison. Le pré-jugé c'est ce que nous possédons tous, à propos de nos convictions et qui nous encombre en nous empêchant de percevoir et d'affirmer un jugement sûr ou une « idée claire et distincte ».
Bachelard a fortement insisté sur l'intervention des pré-notions à l'intérieur de notre pensée, qui interviennent comme des freins, des obstacles, des biais. Nous pensons, et croyons savoir, qu'un phénomène se déroule de telle manière, alors que, ce pensant, nous nous situons seulement dans le domaine d'une forme de *doxa*, d'opinion qui n'est fondée qu'en apparence. En somme, nous parlons, souvent de bonne foi, de ce que nous ne connaissons pas et sur quoi nous devrions suspendre notre jugement.
Les pré-notions, dit Bachelard, c'est toujours notre passé qui les transporte avec lui et, en particulier le langage. Celui-ci, en effet, par notre langue maternelle, nous précède et nous en héritons. Mais justement, parce qu'il est plus vieux que nous, il transporte avec lui des expressions qui traduisent des représentations du monde périmées, donc des erreurs et des faussetés et nous n'y prêtons pas attention parce que cet héritage langagier fait partie de nous et que nous ne le mettons pas spontanément en question.
Ainsi, par exemple, disons-nous couramment que « le jour se lève » et tout le monde nous comprend. Il n'empêche que l'expression véhicule une contrevérité scientifique. Le jour ne se lève pas en effet. C'est une expression au mieux métaphorique mais trompeuse. Pareillement, nous affirmons que « le vent souffle », ce qui, de la même manière, est clair pour tous les autres. Or, c'est absurde parce qu'il n'existe

aucun vent qui ne souffle pas. La langue parle à notre place et nous abdiquons devant elle, sans prêter attention.
Avoir employé pendant longtemps l'expression « courant électrique » a empêché la science de comprendre le phénomène de l'électricité. L'expression, en effet, entraînait inconsciemment à considérer l'électricité comme une espèce de flux qui coulait continûment, une sorte de fleuve. Or, dans la réalité, l'électricité ne fonctionne pas de cette manière, mais, au contraire, selon une modalité discontinue (« par paquets d'onde »). C'est seulement à partir du moment où l'on a compris cela qu'on a pu inventer l'électricité.
S'agissant de la reconnaissance de l'altérité, de l'autre en tant qu'*ego* exactement équivalent au mien, ces pré-notions sont aussi redoutables que dans les exemples précédents parce qu'elles fonctionnent exactement de façon équivalente. Comme l'autre est différent de moi, mais que je ne peux le rapporter qu'à moi, j'ai une tendance quasiment irrépressible à le juger en fonction de ma propre et unique subjectivité. Or, justement, l'autre n'est pas moi et je ne dois pas l'apprécier par rapport à moi.
Il constitue un être autonome qui possède ses propres manières d'être, sa propre identité (incomparable comme la mienne) et ses attitudes et comportements le regardent, il en est responsable et pas moi. Il convient certainement de se méfier de telles pré-notions qui peuvent nous conduire vers un refus de l'autre en tant qu'autre et une simple reconnaissance de son altérité, mais comme moins adéquate que la mienne. Je ne le juge pas en tant que disposant indéfectiblement d'un droit à la différence qui le distingue radicalement de moi sans que, pour autant, il me soit inférieur. Or, la relation à l'altérité suppose au contraire qu'elle soit considérée dans sa plénitude, éventuellement opposée à moi, mais, pour autant, non moins digne de respect.

PRISE DE PAROLE

Il n'est pas coutumier de placer un tel item dans une réflexion sur l'altérité et pourtant il me semble indispensable parce que la prise de parole incarne l'une des inégalités les plus flagrantes et des plus préjudiciables, en ce qui touche à la reconnaissance et au respect de l'altérité. Nous vivons encore à l'ère des « *Fürsprecher* » de Heidegger, c'est-à-dire de ceux qui s'auto-attribuent le droit de parler au nom des autres et dès lors d'interdire de fait la parole à ceux qui en auraient besoin.

Bourdieu, en 1977, dans un article de la revue *Langue Française* intitulé « De l'économie des échanges linguistiques » (repris sous le même titre dans le livre *Ce que parler veut dire*, Fayard), mettait en évidence les graves manquements du système scolaire français en ce qui touche à la langue maternelle parce qu'il ne consacrait aucun effort à l'oral. Beaucoup ont montré, depuis longtemps, la prééminence de l'écrit, certains pour s'en réjouir, d'autres pour l'attaquer.

Or, l'oral, dit Bourdieu, est une source d'inégalité aussi profonde que ce qui relève de l'écrit. Par exemple, est-ce qu'à l'école on apprend à prendre la parole, ou à se taire quand la situation indique clairement que c'est la juste conduite linguistique, à argumenter, à débattre, à expliciter son point de vue ? Non, il n'y a malheureusement aucun doute et, à cet égard, notre enseignement possède un vrai retard sur celui des Jésuites aux dix-septième et dix-huitième siècles.

A cette époque, en effet, ils organisaient, par exemple, la *disputatio*, qui faisait partie obligatoire de l'apprentissage de la langue et qui opposait plusieurs apprenants sur un sujet qu'ils n'avaient pas choisi. Ils étaient jugés en fonction des arguments échangés et de leur maîtrise de l'échange. Ils mettaient également en œuvre d'autres types d'exercices, nombreux, pour développer la compétence orale et acquérir, en particulier, le savoir-débattre dans un groupe, ennemi ou non.

Aujourd'hui l'inégalité de parole a augmenté ses ravages, notamment par la multiplication des médias, dans lesquels il faut apprendre à s'exprimer et aussi par l'accroissement des groupes sociaux qui monopolisent la parole autorisée. La prise de parole est une capacité qui s'acquiert familialement dans les familles adéquates, mais dont d'autres enfants restent dépourvus, faute d'entraînement et d'occasions. Or, c'est bien par l'intermédiaire du dire que l'on s'exprime et s'installe justement comme un interlocuteur.

Quiconque n'est pas en mesure d'extérioriser ce qu'il ressent en lui, intellectuellement ou affectivement, tend à être beaucoup plus infériorisé encore qu'autrefois, parce que, désormais, les circuits de démultiplication de la parole accroissent chaque jour leur nombre. Socialement l'identité ne se conquiert, on le sait, que par rapport aux autres et, à cet égard, les « taiseux » ont perdu du terrain parce que la modernité rejette sur le bas-côté tous ceux qui ne donnent pas au moins l'apparence de s'exprimer.

A l'école, donc, cet apprentissage est plus urgent et plus important que jamais, mais il reste délaissé, probablement parce que les enseignants qui restent enseignants sont, socialement, des dominés. Ils n'ont pas le souci, qui devrait être premier chez eux, de l'identité des autres, c'est-à-dire, exactement de l'altérité. L'autre, en effet, pour exister par rapport à moi, il faut que je le remarque (hormis les rencontres purement professionnelles qui ne comptent guère parce que la parole reste banale) et nous existons l'un par rapport à l'autre. La relation à l'altérité ne relève pas de la passivité, mais bien de l'activité réciproque. A ne pas enseigner la prise de parole, on condamne certains élèves à voir leur personnalité amputée et à être privés de l'une des voies privilégiées par lesquelles ils peuvent affirmer, et donc conquérir, leur identité.

PROJET

L'éducation d'aujourd'hui, au moins dans sa version européenne (fondée depuis longtemps par la liberté anglo-saxonne), considère le concept de projet, ou au moins le nom, comme l'alfa et l'oméga de toute pratique d'enseignement/apprentissage. Manière juste de signaler que l'éducation est toujours tournée vers l'avenir, « transmise par les adultes à ceux qui ne le sont pas encore » (Durkheim). Le mot possède aussi l'avantage de connoter un mouvement, une dynamique.

Philosophiquement, la phénoménologie a tracé la première les contours épistémologiques du projet, celui-ci constituant la modalité principale d'action d'un sujet libre doté d'une « intentionnalité ». Sartre fonde sa propre théorie sur le fait que l'homme est « un être de projet », c'est-à-dire qui agit librement et s'assume, vers l'avenir. L'action est l'incarnation du projet. L'homme est un être qui intègre l'avenir dans son présent, en tant qu'avenir.

La liberté, constitution primordiale de l'homme est ce qui permet le projet, c'est-à-dire aussi l'exercice d'une responsabilité parce qu'un projet implique toujours des conséquences et, surtout, un engagement du sujet. La philosophie sartrienne est, on le sait, une philosophie de l'engagement. Pour qu'un projet existe, il y faut une liberté et un engagement, une direction à suivre. Un projet est toujours à construire. Faire et, en faisant, se faire.

En éducation, la notion de projet est désormais devenue un classique. Elle est même devenue officielle parce qu'il faut établir, par exemple, un projet d'établissement, élaboré par les enseignants et les élèves. Certes, depuis longtemps maintenant, ces projets ne produisent pas de résultats décisifs, mais l'intention qui a conduit à leur mise en place est juste. Il est, en effet, impératif qu'une communauté scolaire s'oriente vers un avenir qu'elle assume et bâtit.

A l'heure d'aujourd'hui, l'éducation comparée elle-même constitue un projet. Il est indispensable, en effet, pour qu'elle existe, que quelqu'un prenne l'initiative de lancer une intention, projette une action collective et construise progressivement, après avoir convaincu tous les partenaires (chefs d'établissement, enseignants, élèves, parents), les modalités de celle-ci. Une opération d'éducation comparée qui se mène est toujours un projet qui se réalise.

Il est simplement normal, et donc souhaitable, qu'au sein de ce projet commun, institutionnel si l'on veut, existent des projets individuels qui, en se développant, aboutissent à enrichir le projet d'ensemble. Chaque élève, ou chaque enseignant, vise en effet un objectif particulier, qu'il a forgé et s'est approprié et qu'il partage ou non, en restant dans le cadre du projet général. Ce faisant, on voit bien que le projet éducatif s'inscrit aussi dans un projet de vie.

Pour qu'il y ait projet, en ce domaine, comme dans les autres, plusieurs étapes sont impératives, une fois que sa mise en place a été décidée et l'on perçoit clairement qu'elles constituent une organisation du temps, celle-ci étant au cœur de tout projet et de toute activité humaine authentique : l'étape de préparation, le déroulement proprement dit et l'étape d'évaluation (une fois que l'opération est accomplie), enfin, optativement, l'étape de la poursuite du projet (à titre collectif ou individuel). Cette mise en place temporelle, tel est le sens d'un projet, éducatif ou non. Si l'éducation comparée ne servait qu'à cela (et c'est loin d'être le cas), elle serait déjà indispensable à l'autonomie des élèves et des enseignants.

RACISME

Le racisme est l'incarnation par excellence de la non-reconnaissance de l'autre. Hegel parle d'une reconnaissance d'une conscience de soi indépendante et dit que « l'Autre est une conscience embarrassée de multiple façon » (*La Phénoménologie de l'esprit*). Il dit aussi que la conscience de soi suppose la conscience de l'autre.

Le racisme repose sur la croyance en une inégalité des races humaines. Cette notion de race, on le sait, est scientifiquement douteuse et elle a, heureusement, été remplacée par la notion culturelle d'ethnie qui s'appuie sur l'identité différentielle relative au milieu physique et au milieu social. Les thèses racistes qui visaient à démontrer la supériorité de certaines races sur d'autres races (Gobineau, *Essai sur l'inégalité des races humaines*, 1853-1855) ont trouvé leur tragique accomplissement avec le nazisme et la volonté de destruction de certains hommes par d'autres. C'est l'horreur absolue institutionnalisée par un Etat. Depuis, les génocides se sont multipliés avec la volonté de destruction d'ethnies par d'autres ethnies.

La priorité pour tout système éducatif est de lutter contre le racisme et contre toute forme d'exclusion de l'Autre, qu'il soit social, générationnel, sexuel, ethnique,... L'école doit assumer cette éducation des enfants au respect de l'autre dans ses différences. Cette éducation doit être mise en place très tôt, de préférence dès l'école maternelle. Elle doit être prise en charge par des enseignants formés pour assurer cet enseignement spécifique. Des curricula, des contenus d'apprentissage, des activités spécifiques doivent être imaginés, pour chaque niveau du cursus scolaire. Cette éducation ne peut pas s'improviser comme on a trop souvent tendance à le croire. Elle doit être pensée sérieusement. Elle ne pourra pas faire l'économie d'une réflexion philosophique. Certains concepts, comme ceux d'identité et d'altérité, seront évidemment mobilisés. Ces deux notions doivent-elles être posées comme exclusives l'une de l'autre ? Dans *Le Sophiste*, Platon note déjà que les choses sont mêmes et autres et qu'il y a inclusion réciproque de l'altérité et de l'identité. Quant à Paul Ricoeur, il distingue deux formes d'identité, l'*ipse* et l'*idem* et il pose que l'identité se dédouble en une « identité-mêmeté » et une « identité-ipséité ». Pour lui, le Même comme l'Autre sont fissurés et éclatés.

Des relations sont à établir entre l'éducation à l'altérité et l'éducation à la paix. Car c'est bien en effet là que se situe le véritable enjeu de l'éducation à l'altérité. Une éducation à l'altérité étudiée avec lucidité et honnêteté. Existe-t-il des différences inacceptables ? Pouvons-nous nous mettre d'accord sur une plate-forme de valeurs communes à tous ? Celles de la démocratie ? Celles qui figurent dans la *Déclaration universelle des droits de l'homme* ?

On le voit, l'enjeu de cette entreprise est fort. Ce n'est qu'à ce prix que le racisme pourra être enrayé de la planète, si et seulement si ces formations se généralisent en tous points du globe, comme tente de le faire l'UNESCO, et en particulier le BIE qui travaille sur l'éducation à la paix, la tolérance, « le vivre ensemble ». La réflexion sur la philosophie et sur les principes d'une véritable éducation à l'altérité est absolument nécessaire. Cette éducation à l'altérité devra être mise en place dans toutes les écoles, dans tous les pays, par des éducateurs convaincus, responsables et compétents. Elle constitue un préalable important à la paix sociale et à la paix dans le monde.

RECTIFICATION

Le respect, ou, simplement, la reconnaissance de l'altérité, est toujours un long cheminement parce qu'il ne s'agit pas d'une valeur qui se forme de manière spontanée chez quelque individu que ce soit. Sa maîtrise suppose donc un enseignement/apprentissage, sans cesse remis en question et qui doit procéder comme Bachelard l'inscrit au fronton de toute pratique pédagogique : un apprentissage ne se mène jamais en une seule fois mais repose fondamentalement sur un acte essentiel : la rectification.

Celle-ci constitue le procédé selon lequel on ne construit jamais une vérité proprement dite mais l'on atteint une erreur légèrement meilleure (plus proche de l'idéal de vérité) : « il n'y a pas de vérités premières, il n'y a que des erreurs premières » et, si elles sont premières, c'est parce qu'elles ont sans cesse à être rectifiées, corrigées, remises en question, interrogées pour être dépassées et ainsi de suite. De même que, dans la construction de la connaissance, le savant progresse par rectifications successives, de même en va-t-il dans un apprentissage.

La rectification est évidemment une méthode, une démarche et, lorsqu'on en fait la figure de proue d'une pratique (la construction de la connaissance ou l'apprentissage), c'est seulement parce qu'elle forme la voie unique pour se rapprocher de la vérité ou de l'apprentissage achevé. Dans les deux cas (connaissance ou apprentissage), le processus est en effet exactement interminable puisqu'il n'existe aucune connaissance définitive et aucun apprentissage véritablement maîtrisé.

S'agissant de la relation à l'altérité, son apprentissage, comme tous les autres, rencontre des heurts et passe par des phases montantes et descendantes. Il est authentiquement une conquête et nul ne devrait se vanter d'avoir atteint le moment où il est définitivement assuré de reconnaître l'altérité et de la respecter. L'*alter* ne devient pas immédiatement un *ego* et je ne me sens pas spontanément l'*alter* de l'*alter*. Le cheminement est la caractéristique ordinaire de la quête de l'altérité.

Celle-ci bute devant des obstacles, échoue parfois et l'auteur de l'insuffisance se prend en flagrant délit de traiter l'autre en chose et non pas comme un autre *ego* : il faut qu'il sache, donc qu'il apprenne, que les rectifications successives sont des événements normaux sur cette longue route sans fin. Mais il doit apprendre aussi qu'il n'en aura justement jamais fini avec les rectifications puisqu'il y a toujours quelque chose à rectifier et qu'il faut sans cesse reprendre la même tâche.

Une rectification vise à corriger une erreur, c'est-à-dire, ici, un manquement. Il est donc indispensable, pour qu'elle ait lieu, que le sujet se rende compte que l'erreur existe ou que le manquement a eu lieu. Le travail de repérage ne va pas de soi, en cette matière, parce que les dérapages dans la non-reconnaissance de l'altérité, sont parfois (souvent) de purs actes auxquels on s'est laissé aller sans se rendre compte que, ce faisant, on ne respectait pas l'autre. On le sait, en effet, au cœur de chaque sujet existe la tendance ou la tentation de transformer l'autre en chose.

Telle est l'erreur majeure incessamment recommencée. C'est pourquoi la rectification se trouve à chaque instant nécessaire. On ne peut pas espérer annuler cette dimension ontologique de soi-même qui consiste à « chosifier » autrui : dans ces conditions, il serait absurde de croire qu'on a définitivement atteint le moment où l'on a éteint en soi cette tendance. Dès lors, la mise en œuvre d'une action de rectification peut être exigible à n'importe quel instant. En cela, elle aussi n'est jamais achevée et ce trait fait partie de sa définition même. Une rectification n'aboutit jamais à un résultat concluant stable : elle est par nature labile, dynamique, toujours en marche.

SAVOIR

Cette notion est probablement en train de s'appauvrir parce qu'elle est démonétisée par l'usage sans méthode qu'en font les médias. Une partie des sciences sociales, la plus faible, cédant aux arènes médiatiques, s'éloigne de la culture savante au profit de la culture médiatique, celle de l'à peu près et du détail à partir duquel on émet ce qui ressemble à un savoir sur un point concret mais qui n'est qu'une doxa. Ce sont les semi-habiles dont parlait Bourdieu et leurs dégâts sont immenses.

Reste que le savoir, pour le petit nombre de ceux qui en fabriquent réellement, conserve ses traits fondateurs et, dès lors, garde sa valeur (qui, aurait dit encore Bourdieu « n'a pas de prix »). Bachelard joue dans cette affaire un rôle plus que considérable, raison certainement pour laquelle il est tenu en lisière par la plupart des sciences sociales qui, en en rajoutant sans cesse dans le discours sur la méthodologie, se dispensent de plus en plus des contraintes épistémologiques qui fondent celle-ci.

Il n'y a, dit Bachelard, que deux sortes de connaissances ou de savoirs. « La connaissance approximative » qui n'est pas une connaissance du tout, parce qu'elle travaille « à quelque chose près », sans jamais préciser le « quelque chose ». C'est celle dont usent sans modération les spécialistes de sciences sociales, de deuxième ordre, mais qui écrivent dans les journaux et se contentent en effet d'approximations ou de simples remarques de bon sens (à leur décharge ce sont à peu près les seuls discours que les journalistes comprennent et, donc, peuvent utiliser pour leurs lecteurs).

« La connaissance approchée », elle, constitue l'unique connaissance véritable parce qu'elle décline explicitement son degré d'approximation. Ceci est vrai à « x près », x étant fixé précisément. En signalant quel est exactement son biais, la connaissance s'avère. Il y a là un apport épistémologique capital : une connaissance pure est absurde ; la connaissance repose toujours sur des hypothèses qui constituent un biais par lequel le savant observe la réalité. Pour que la connaissance soit dite approchée, et donc, pleinement maîtrisée, il faut et il suffit que ce biais soit très précisément énoncé.

Donc toute connaissance est une construction et, par conséquent, elle est nécessairement (sans que cette caractéristique n'affecte sa valeur) artificielle. Le savoir n'est donc pas un acte de foi mais le résultat d'une démarche méthodique à condition que celle-ci ne prenne pas la place de la recherche elle-même. Les sciences dures recherchent quelque chose et utilisent à cet effet une méthodologie rigoureuse. Les sciences sociales françaises ont une fâcheuse tendance à en rester à la méthodologie pour elle-même, en la déployant ostensiblement pour masquer le manque de résultats pratiques.

Parce que, si l'on reste calme et froid, en quoi la connaissance a-t-elle amélioré la situation à propos de l'altérité depuis un demi-siècle ? En quoi avons-nous progressé ? Quels sont les résultats concrets, et donc leurs conséquences que nous pouvons afficher ? Dès lors, à quoi servent exactement les sciences de l'homme dans les domaines tels que ceux-ci : respect, tolérance, solidarité, reconnaissance de l'autre en tant qu'autre, relations interculturelles, maîtrise de l'altérité ?

Les choix doivent donc rester des choix, qui ressortissent à la morale et à l'éthique, mais auxquels les connaissances, prétendent-elles à s'appeler scientifiques, ne peuvent en rien contribuer. En dernier ressort, il s'agit à coup sûr de questions d'abord sociales et individuelles qui relèvent d'options collectives et personnelles, mais certainement pas de démonstrations. L'époque ferme les yeux sur cette vérité qu'elle n'ose pas s'avouer parce qu'elle se trouverait face à elle-même et obligée de se changer éthiquement.

SENSIBILITE

La sensibilité est la propriété qu'a le système nerveux de recevoir des impressions de l'extérieur et d'y réagir.
Elle est aussi la faculté d'éprouver des sensations et des sentiments. Elle représente l'ensemble des phénomènes affectifs vécus par le sujet.
C'est la faculté de jouir ou de souffrir. On peut distinguer ainsi la sensibilité active (passions, plaisir) et la sensibilité passive (désagréments, douleurs).
En quoi la sensibilité entretient-elle une relation avec l'altérité ? C'est que la sensibilité est le caractère qui consiste à éprouver des sentiments, à s'émouvoir facilement, et donc à réagir par rapport à autrui. Que celui-ci lui donne le spectacle du plus profond dénuement, elle est atteinte. C'est la sensibilité qui permet à l'individu d'éprouver des sentiments de sympathie pour autrui. Un être dénué de sensibilité serait un monstre.
Les individus ont une sensibilité plus ou moins forte, qu'il s'agisse de la réceptivité au désir, de la susceptibilité caractérielle, des aptitudes artistiques.
Il semble important de développer la sensibilité de l'individu, parce qu'elle est à l'origine de l'altruisme. C'est parce que nous ne pouvons plus supporter la misère du monde que nous réagissons, que nous décidons d'agir dans le cadre d'œuvres caritatives, sociales, politiques... C'est l'impression insoutenable d'injustice, venue de l'extérieur, qui a provoqué notre engagement.
Parfois, les instances éducatives ont tendance à réprimer les comportements où se révèle la sensibilité des enfants. On essaie toujours d'aguerrir les garçons, de les « endurcir ». Ce petit est trop sensible, entend-on couramment.
Il est pourtant évident que cette caractéristique de l'être humain va de pair avec la Vertu et non avec le Mal. On n'imagine pas que les crimes abominables perpétrés dans les camps de la mort aient pu être commis par des êtres

sensibles. La sensibilité entraîne la commisération, la compassion et l'attention à autrui. Elle est la meilleure garante d'une vie sociale sereine et respectueuse des autres. C'est la raison pour laquelle l'école doit éveiller la sensibilité chez l'enfant par des activités artistiques, d'ouverture sur le monde, d'écoute de l'autre.

SOLIDARITE

La solidarité est une relation de dépendance réciproque entre des êtres qui sont liés de telle sorte que ce qui arrive à l'un provoque des répercussions sur l'autre.
Auguste Comte, qui affectionnait ce terme, insistait sur la solidarité entre les générations : « Chaque génération doit rendre gratuitement à la suivante ce qu'elle-même reçut gratuitement de la précédente ». C'est également l'idée d'Hanna Arendt lorsqu'elle demandait aux adultes de donner les clés du vieux monde à leurs enfants pour que ceux-ci puissent construire un monde nouveau, meilleur que l'ancien.
La solidarité se distingue de la charité en ce sens qu'elle induit une relation réciproque, contrairement à la charité qui est le fait unilatéral du riche envers le pauvre. C'est un devoir qui naît de la prise de conscience des obligations réciproques qui lient les hommes entre eux.
On le voit, le lien entre la solidarité et l'altérité est manifeste. Les hommes ont un devoir de solidarité entre eux : les nouvelles générations ont une dette par rapport aux anciennes et les peuples nantis ont un devoir d'humanité par rapport aux peuples démunis. C'est une notion morale qui est centrée autour de valeurs comme la justice, l'égalité, la générosité.
La solidarité est en fait un devoir moral d'assistance entre les membres d'une même société. Dans son livre *De l'Humanité* (1840), P. Leroux écrit : « J'ai le premier emprunté aux légistes le terme de *Solidarité* pour l'introduire dans la Philosophie, c'est-à-dire suivant moi dans la Religion : j'ai voulu remplacer la Charité du Christianisme par la Solidarité humaine, et j'ai donné de cela mes raisons dans un gros livre ». Aujourd'hui, nous parlons bien de solidarité humaine, à l'échelle non seulement d'une société, mais de la planète.
La solidarité peut être aussi opposée à la justice, considérée comme partiale. Elle représenterait une forme d'espoir pour les dominés qui, forts de leur union, auraient plus de chance de se faire entendre des dominants (solidarité ouvrière,

solidarité paysanne…). Ce terme de solidarité est d'ailleurs volontiers usité par les politiques car chargé d'idéal moral et de valeurs positives.

L'école a pour tâche, en socialisant les enfants, de développer la solidarité entre eux. Les enfants vont apprendre à vivre ensemble et comprendre qu'ils font partie d'un même groupe dans lequel tous les éléments sont interdépendants et qu'ils ont donc, vis-à-vis des autres, un devoir de solidarité.

Ils vont découvrir cette solidarité au sein de la classe, mais aussi à l'extérieur de la classe. De nombreuses écoles sont actuellement impliquées dans des actions de solidarité en direction des populations démunies. En réalisant ce type de projet, les enfants découvrent leur responsabilité de citoyen de la planète et leur devoir de solidarité humaine.

TOLERANCE

La *Déclaration universelle des droits de l'homme* signale de façon claire que l'éducation doit favoriser la tolérance entre les peuples : « Article 26-2. L'éducation doit viser au plein épanouissement de la personnalité humaine et au renforcement du respect des droits de l'homme et des libertés fondamentales. Elle doit favoriser la compréhension, la tolérance et l'amitié entre toutes les nations et tous les groupes raciaux ou religieux, ainsi que le développement des activités des Nations Unies pour le maintien de la paix ».
Voltaire avait déjà, en 1764, dans l'article « Tolérance » de son *Dictionnaire philosophique,* donné cette définition de la tolérance : « Qu'est-ce que la tolérance ? C'est l'apanage de l'humanité. Nous sommes tous pétris de faiblesses et d'erreurs ; pardonnons-nous réciproquement nos sottises, c'est la première loi de la nature. (...) La discorde est le plus grand mal du genre humain, et la tolérance en est le seul remède ».
Dans cet article, Voltaire étudie tout particulièrement l'intolérance religieuse et note que les hommes sont des « insensés qui n'[ont] jamais pu rendre un culte pur au Dieu qui les [a] faits, qu'ils cherchent à « exterminer les [autres] religions pour faire des prosélytes (...), pour que leur religion soit la dominante ».
Condamnant le prosélytisme, il condamne aussi l'intérêt que certains hommes ont au fanatisme. En effet, des siècles de fanatisme ont rendu certains hommes puissants qui « s'enrichissent des dépouilles du pauvre, s'engraissent de son sang, et rient de son imbécillité. Ils détestent tous la tolérance, comme des partisans enrichis aux dépens du public craignent de rendre leurs comptes, et comme des tyrans redoutent le mot de liberté » et il ajoute : « toute secte, comme on sait, est un titre d'erreur » parce que la croyance est, par définition, invérifiable scientifiquement.

Enfin, en se référant à la faiblesse de l'homme et à la solidarité nécessaire entre eux, du fait même de cette faiblesse, il écrit : « Il est clair que nous devons nous tolérer mutuellement, parce que nous sommes tous faibles, inconséquents, sujets à la mutation, à l'erreur. Un roseau couché par le vent dans la fange dira-t-il au roseau voisin couché dans un sens contraire : Rampe à ma façon, misérable, ou je te présenterai requête pour qu'on t'arrache et qu'on te brûle ? ».
Les propos de Voltaire, plus que jamais actuels, doivent nous conforter dans le souci de travailler avec opiniâtreté à l'éradication de l'intolérance, dans la famille, à l'école, dans les médias et dans les instances sociales en générales.
Pour sa part, l'école doit prendre en charge cette réflexion sur la tolérance, de manière concrète. C'est encore une fois le respect de l'autre qui doit être prôné. Et il ne s'agit pas seulement de tolérance religieuse, mais aussi de tolérance par rapport à l'autre différent de moi, par la couleur de sa peau, par sa langue, par sa culture ethnique, par sa génération, par sa classe sociale, par son sexe.
La religion n'est qu'un élément de la composante identitaire mais il n'était pas inutile de rappeler le texte de Voltaire sur l'intolérance religieuse, à une époque où le crime est encore commis au nom du protestantisme ou du catholicisme, comme en Irlande, ou au nom du *djihad* islamique (guerre sainte), par certains fanatiques musulmans.

TRANSFERT

On ne traitera pas ici de la signification psychanalytique de ce terme, qui serait pourtant, certainement, de haut intérêt pour notre préoccupation centrale. Mais elle demanderait un développement d'une telle complexité qu'elle nous égarerait plus qu'elle ne nous éclairerait. Nous considérons donc « transfert » dans son acception épistémologique simple, au sein des sciences sociales, d'une connaissance acquise dans un domaine et que l'on transporte dans un autre, qui au départ, lui est étranger.

Barthes le premier s'est violemment fait attaquer parce qu'il pratiquait couramment le transfert des concepts d'un territoire sur un autre. Ses opposants prétendaient que, ce faisant, il détournait le sens du concept, le dévitalisait et lui laissait dire ce qu'il ne disait pas. Peu à peu, cependant, la frontière fut forcée et la pratique s'est généralisée. Lorsqu'on forge un outil intellectuel, c'est, certes, d'abord, pour qu'il soit valide dans son domaine de construction, mais rien n'interdit son transport.

Il convient cependant, dans ce dernier cas, de procéder avec toutes les prudences méthodologiques voulues, parce qu'il est vrai qu'un secteur du savoir constitue toujours un contexte et que les effets contextuels sont toujours suffisamment puissants pour transformer éventuellement le sens d'un concept. Mais, une fois ces précautions prises rigoureusement, rien n'interdit que l'on opère un transfert de concept d'une connaissance à une autre. Cela se pratique désormais avec une telle fréquence et une telle pertinence que beaucoup de spécialités portent un nom double : bioéthique, biochimie, sociolinguistique.

Pour qu'il y ait transfert possible, il est préalablement indispensable que le concept à transférer soit totalement élaboré et qu'on ait démontré son caractère opératoire dans le domaine de sa construction. Il faut donc commencer par bâtir de l'abstrait et, dès lors, comme on sait, depuis Bachelard, que c'est par l'abstrait (en raison de son caractère générique) qu'on parvient à régler les problèmes du concret, un transfert est non seulement possible mais souhaitable. Un concept éclaire une situation concrète, évite de traiter les difficultés au coup par coup (comme le font ceux qui s'obstinent à vouloir traiter le concret par le concret).

Le transfert d'un concept, c'est donc un concept recontextualisé. Une connaissance, dit Lévi-Strauss, se fabrique souvent par « bricolage », c'est-à-dire par utilisation d'outils qui n'ont pas été faits pour elle, mais dont on se sert pour l'instant, faute de mieux, comme un bricoleur, faute de marteau, utilise une pince pour frapper sur un clou. Le bricolage, source même de la construction de connaissances neuves, constitue l'illustration emblématique de la fécondité potentielle d'un transfert de concept.

C'est pourquoi, s'agissant de l'altérité, il n'est nullement interdit, il est même puissamment souhaitable, nécessaire encore plus fortement, d'appeler à la coopération de plusieurs concepts élaborés dans des domaines divers. Pour se limiter à des exemples triviaux, la reconnaissance de l'altérité, de l'*alter ego*, fait appel à la philosophie, à la psychanalyse, à la sociologie, à l'anthropologie, à la psychologie, à la géographie, à l'histoire et j'en oublie probablement. Et pourtant, dans ces divers secteurs du savoir, les mêmes concepts (portant le même nom) ne possèdent pas nécessairement la même signification.

Dans beaucoup de pays, un tel processus est banal, parce que ce sont les domaines qui définissent les chaires de chercheur : la connaissance institutionnelle (universitaire) obéit à une logique « domaniale » qui rend naturelle la coopération, sans qu'on y pense, de plusieurs savoirs. En France, la logique est « disciplinaire » et, donc, tout ce qui sort de la discipline est frappé de non-pertinence. Il s'ensuit une sorte de paralysie dont on perçoit les effets jusque dans les hésitations multiples à propos de la définition d'altérité.

TYRANNIE

Le tyran désignait dans les cités d'Asie mineure et de la Grèce antique, l'individu qui s'emparait du pouvoir politique par son éloquence ou par la violence. La tyrannie désigne tout pouvoir politique exercé de façon arbitraire et conservé par la force. Ce pouvoir est instable car il ne repose pas sur le consensus mais bien sur la volonté d'un seul homme prêt à tout pour le conserver.
Pour Voltaire, un tyran est « un souverain qui ne connaît de lois que son caprice, qui prend le bien de ses sujets, et qui ensuite les enrôle pour aller prendre celui des voisins ». Et il ajoute : « Il n'y a point de ces tyrans-là en Europe » (*Dictionnaire philosophique*). On reconnaît bien là l'ironie voltairienne et l'on sait que les révolutionnaires scandaient en 1789 : « Mort aux tyrans ».
La démocratie s'est développée contre la tyrannie Elle est, contrairement à la tyrannie, un régime où le peuple exerce la souveraineté, sans distinction de naissance, de fortune ou de capacité, au moyen du suffrage universel. Ce n'est plus la volonté d'un seul qui s'exerce sur le pays, mais la volonté générale.
La démocratie est la forme de gouvernement qui est donc le plus attaché à la prise en compte de l'altérité. Elle garantit les droits fondamentaux de la personne humaine et, en cela, elle s'oppose à toute forme de tyrannie ou de dictature qui ne respecterait pas les droits de l'homme. La démocratie fait siens les principes contenus dans la *Déclaration universelle des droits de l'homme*.
Il est important que l'école développe chez l'enfant l'esprit critique et les idéaux de justice, d'égalité et de respect de l'homme. En effet, l'histoire politique actuelle montre que la tyrannie n'est pas définitivement rayée de la carte et l'histoire récente de la seconde guerre mondiale montre qu'elle peut être une menace aussi pour les démocraties occidentales :

l'Allemagne nazie, l'Italie mussolinienne et la France de Vichy témoignent de cet état de fait.
Il est nécessaire de réfléchir aussi à ce qu'est une véritable démocratie pour en comprendre les dérives éventuelles (corruptions diverses…) et pour lutter contre ces dégradations de l'idée de démocratie.

UNIVERSEL

Il n'est pas question de reprendre ici la vieille querelle des universaux alors même que, pourtant, ils restent en pleine actualité, sous des formes radicalement nouvelles, notamment celles de l'éthique qui, à cause du tohu-bohu du monde, a resurgi dans les préoccupations après une longue éclipse (due en partie, aux deux guerres mondiales et à l'existence de deux empires tyranniques, le nazisme et le communisme, qu'il ne s'agit certes pas de comparer ici, mais qui ont entraîné une sorte de vide éthique).

La logique de l'universel a réapparu à l'époque contemporaine lorsque se sont déclenchées les grandes catastrophes éthiques et qu'a émergé la notion de « droits de l'homme ». C'est celle-ci, en effet, quasiment enterrée depuis la double proclamation britannique et française au dix-huitième siècle, qui a resurgi pour contribuer à constituer des repères dans le vacarme du monde. Il s'agissait bien d'une affirmation universelle qui valait pour tous les hommes en tout bien et tout temps.

Pour cette raison, l'éthique a fourni une préoccupation plus attentive que la morale : celle-ci, en effet, vise des problèmes de moindre ampleur qui, résumons, tiennent plutôt aux mœurs, c'est-à-dire à une question sociale, donc à un état de la société. Certes, on mobilise, pour cette cause aussi des valeurs universelles (la solidarité, le respect, la tolérance) mais en les appliquant à des secteurs limités (soit spatialement soit sociologiquement), où interviennent les droits positifs, c'est-à-dire ceux qui sont fixés par une justice officielle, un code, et donnent lieu à une panoplie de sanctions officiellement distribuées. La morale, peu à peu, s'est judiciarisée et, de manière inavouée, la justice en est considérée comme une sorte de dépositaire et de garant.

Il en va tout autrement de l'éthique. Celle-ci, dans la pléiade de livres auxquels elle a donné lieu, dans la multiplicité des conseils, comités, assemblées qu'elle a engendrés jusque dans les entreprises et entre les Etats eux-mêmes, a émergé comme une préoccupation commune à l'ensemble du monde habité, c'est-à-dire universelle. « Les droits de l'homme » sont présentés à la fois comme une revendication et comme un dû, en tout cas comme un principe dont nul ne doit faire l'économie.

Les frontières ne sont, à cet égard, que des barrières administratives et, considérées donc comme non pertinentes, les religions ont tendance à être traitées comme devant toutes prôner pareillement le respect de cette universalité, les diverses cultures sont envisagées comme partageant obligatoirement le souci de faire appliquer unanimement le respect des droits de l'homme, considérés comme valeur transcendante, c'est-à-dire, exactement, qui dépasse tout.

C'est, donc, une sorte de retour, extrêmement stimulant, vers une référence au droit naturel (par distinction, justement, d'avec les droits positifs). En soi l'homme, tout homme, porte l'humanité tout entière. Sur le plan de la revendication et de l'affirmation intellectuelle, il semble bien qu'un consensus se soit établi. L'accord des esprits entre eux (première étape, on le sait, de toute démonstration scientifique, qui vise, justement, à l'universel) semble accompli comme si nul n'osait aller contre.

Concrètement, il faut bien constater que l'évolution est différente. Les massacres localisés restent extrêmement nombreux, à supposer même qu'ils n'augmentent pas ; chaque jour, un peu partout, des hommes sont tués pour des raisons officielles. Au total, les droits de l'homme semblent avoir simplement franchi une étape (et c'est beaucoup), mais en être revenus deux siècles plus tôt lorsqu'ils ont été proclamés. Comme l'aurait dit Kant : que dois-je faire et que m'est-il permis d'espérer ?

UNIVERSEL-SINGULIER

L'altérité ne s'incarne nulle part mieux que dans ces enjeux qui se posent partout mais en des termes différents. Or, tel est justement le propos du concept d'universel-singulier, qui exprime des phénomènes ayant lieu où que ce soit (universalité), mais que chaque société traite à sa manière (singularité). Il en existe de multiples incarnations et c'est justement pour ces cas que la notion de relation à l'autre, à autrui, à l'altérité, prend son intérêt majeur.
Hegel, le premier, a forgé le concept, au début du dix-neuvième siècle. L'universel-singulier est l'incarnation, dans un être particulier, des valeurs universelles. Ainsi Napoléon, « l'esprit du monde à cheval », constituait pour lui l'exemple même de l'universel-singulier ; c'est-à-dire de l'individu qui portait en lui l'universalité même et qui, donc, incarnait l'état optimal du développement de l'histoire en une époque donnée. Près de deux siècles plus tard, Sartre, dans son gigantesque livre sur Flaubert, a considéré que cet auteur était un universel-singulier, en ce que, d'une part, comme il le dit, il était Gustave, individu particulier et que, d'autre part, il avait enfanté un monde tout entier assumant une universalité quasi-divine.
Les universels-singuliers, dans l'instauration des relations à l'altérité et dans la lutte pour que celles-ci persistent et s'authentifient, peuvent être incarnés dans beaucoup de phénomènes et étudiés comme tels. Ainsi, par exemple, le problème de l'eau, celui de l'amour, celui de l'animal, celui de la mort, sont-ils, tous, des exemples incontestables à propos desquels une analyse peut être menée qui montre qu'universellement les sociétés s'en préoccupent et que chacune le traite à sa façon.
Prenons, rapidement, le cas de l'eau. Partout elle est présente, même par son absence qui la rend plus précieuse encore. Dans chaque culture, on lui a consacré des œuvres d'art, aussi bien littéraires que picturales ou musicales ; on lui a réservé

ou construit des mots ou des expressions linguistiques précises ; des proverbes existent ; elle est présente dans l'histoire, dans la géographie, souvent dans la ou les religions. Des métiers se sont créés autour d'elle, elle a pris des contours différents : fleuves, lacs, étangs, mer, sources, etc. On en a fait commerce, on s'est battu pour elle, elle est un enjeu.

Or, si l'on compare le comportement de diverses sociétés, on constate de profondes différences et une sorte de résistance à l'uniformisation, de préservation de la singularité culturelle. Celle-ci s'explique, en partie, par des raisons d'ordre géographique, qui rendent l'eau plus ou moins abondante, plus ou moins accessible, selon le contexte considéré. Mais, en même temps, les attitudes culturelles elles-mêmes diffèrent et en deviennent presque incomparables dans leur singularité.

Il est évidemment impossible qu'un tel statut mixte, universel et particulier dans des proportions variables, n'affecte pas l'indigène du pays considéré et, par conséquent, son rapport à l'autre, indigène comme lui ou étranger. L'eau hante nos fantasmes à tous mais elle le fait certainement de multiples façons comme l'a bien montré Bachelard dans *L'eau et les rêves*. Cette sorte de psychanalyse existentielle suppose que tous les hommes puissent se rassembler même autour de leurs différences, échanger et s'enrichir de celles-ci parce qu'ils sont pareillement des hommes.

Les universels-singuliers, à mes yeux, incarnent concrètement le prototype même de la relation entre un *ego* et un *alter* parce qu'ils sont tous les deux universels et que, cependant, ils se distinguent radicalement l'un de l'autre. Serait-il abusif de prétendre alors qu'ils sont tous les deux des universels-singuliers ?

VALEUR

La valeur est, en morale, ce qui donne des normes à la conduite. Toute morale est fondée sur un ensemble de valeurs correspondant à ce qui est désirable pour un individu et qui est acceptable pour l'ensemble de la communauté. Chaque être essaie d'adapter sa morale individuelle, son ensemble de valeurs, à celle des autres. Si sa morale est contraire à celle du groupe, cela limite la vie en commun.

Sur quels principes repose la morale ? Pouvons-nous nous mettre d'accord sur les valeurs communes à une morale du groupe ?

Pour atteindre le souverain bien (idéal commun à Platon et Aristote par exemple), le bonheur, l'homme fera appel à son esprit et à sa sagesse, mais aussi à des valeurs morales comme la tempérance, la franchise, l'honnêteté…

Les valeurs morales sont nécessaires à l'homme pour tempérer ses appétits, pour garantir l'harmonie dans la vie sociale et politique. Elles assurent la bonne entente entre le « je » et les autres. Si l'individu n'intègre pas les valeurs communes qui doivent être en conformité avec le Bon et le Bien et mises à leur service, il s'exclut et sera exclu du groupe.

Toutefois, il n'y a pas toujours parfaite adéquation entre les valeurs individuelles et les valeurs de la société et tous les hommes d'un même groupe n'ont pas nécessairement la même échelle de valeurs. Certains privilégient l'argent, l'ambition, la réussite, d'autres leur préfèrent l'amour, l'amitié, la solidarité. Les valeurs sont relatives à un contexte social donné ; c'est à l'homme de les mettre en conformité avec ce qu'il veut vivre.

Les valeurs qui sont affirmées dans les systèmes éducatifs européens sont celles de la démocratie : la justice, la tolérance, le respect, l'humanité, la droiture, l'équité, la liberté.

Quel rôle l'école peut-elle jouer dans le domaine de la morale ? Comme on le fait déjà dans certains pays, au Canada ou en Belgique, on peut inviter les élèves à réfléchir sur ce qui leur semble important pour leur vie actuelle et future, et leur demander d'établir une échelle personnelle de valeurs. Ceci est tout à fait possible avec des enfants très jeunes. Certains n'hésitent pas à appeler cette démarche « enseignement de la philosophie ». Celui-ci peut être mis à la portée des enfants. Il est important de leur faire mettre des situations derrière les mots, de façon à ce qu'ils réfléchissent sur ce qui a du sens pour eux et qu'ils puissent intérioriser les valeurs qui leur semblent importantes.

Il est nécessaire aussi qu'ils confrontent leurs propres valeurs à celles du groupe et qu'ils voient s'il y a convergence ou incompatibilité entre elles. Il s'agit d'aiguiser leur jugement moral, de les faire réfléchir sur leurs systèmes de valeurs et de croyances et de leur permettre de les faire fonctionner. Cette réflexion est nécessaire pour que l'enfant puisse trouver une place dans la société et s'y sentir bien.

Comme la famille, l'école a un rôle à jouer dans la formation morale de l'individu. Elle doit lui communiquer les valeurs du monde ancien pour qu'il puisse, à partir de normes concrètes, construire un monde nouveau (H. Arendt) fondé sur le respect, la générosité et la solidarité.

VERTU

Le concept de vertu exprime la puissance, le pouvoir physique ou moral (*virtus* : courage, force d'âme). C'est la force de la volonté. La vertu représente la maîtrise de soi que l'on peut avoir grâce à son mérite.

Mais c'est aussi la disposition permanente à vouloir accomplir des actes moraux. La vertu morale est une disposition habituelle à accomplir le bien, selon Aristote, qui la situe dans le juste milieu. On distingue des composantes de la vertu morale comme la loyauté, la prudence, l'humilité, la générosité. Pour Platon, les vertus principales, « cardinales », sont la sagesse, le courage, la tempérance et la justice.

Saint-Thomas d'Aquin parle aussi de vertu intellectuelle liée à la connaissance et à la contemplation. En ce sens, elle serait l'aptitude de l'homme à accomplir excellemment sa nature, à épanouir ses facultés à l'aide de la raison.

Selon les Grecs, la vertu s'enseigne : « Nul n'est méchant que par ignorance ». Pour Cicéron (*Tusculanes*) « la vertu est l'état d'une âme, où tout concorde et s'accorde, qui rend dignes d'éloges ceux en qui elle est et qui est en elle-même, digne d'éloges, abstraction faite de son utilité, elle est le point de départ de toutes les volontés, pensées ou actions honnêtes, et de toute droite raison ; pourtant c'est la vertu même qui peut être appelée brièvement droite raison ». Il oppose la vertu à la disposition vicieuse qui provoque les passions, pourvoyeuses de « chagrins inquiets et amers ». Le seul remède à ces maux est la vertu, nous dit-il.

Quel rapport peut-on établir entre la vertu et l'altérité ? La vertu consistant à établir des actes moraux et marquée par la tempérance, présente toutes les garanties de respect de l'autre et d'attention à l'autre. L'honnêteté, la générosité, la bonté sont des formes de vertu et elles sont nécessaires dans une bonne relation à l'autre.

Voltaire pense que la vertu ne se définit que par rapport à l'autre : « Qu'est-ce que la vertu ? Bienfaisance envers le prochain. Puis-je appeler vertu autre chose que ce qui me fait du bien ? Je suis indigent, tu es libéral ; je suis en danger, tu me secours ; on me trompe, tu me dis la vérité ; on me néglige, tu me consoles ; je suis ignorant, tu m'instruis : je t'appellerai sans difficulté vertueux. Mais que deviendront les vertus cardinales et théologales ? Quelques-unes resteront dans les écoles » (*Dictionnaire philosophique*, Article Vertu). Pour Voltaire donc, seules importent les vertus qui sont utiles aux autres : « Mais quoi ! N'admettra-t-on de vertus que celles qui sont utiles au prochain ? Nous vivons en société ; il n'y a donc de véritablement bon pour nous que ce qui fait le bien de la société ».

Mais peut-on enseigner la vertu ? Oui, en développant les qualités morales chez l'individu, et en priorité celles qui sont nécessaires à la vie en société et qui favorisent la solidarité entre les hommes. N'est-ce pas là l'un des enjeux de l'éducation ?

VIOLENCE

La violence est une spécificité humaine (on ne parle pas de violence à propos des animaux mais de cruauté, car la violence résulte d'une volonté) qui consiste à régler un problème par la force et non par la raison. On distingue la violence « innée » (comportement d'une personne contre une autre qu'elle considère comme un obstacle à la réalisation de son désir) et la violence résultant de conditions sociales jugées néfastes (préalable aux révolutions). La violence institutionnelle est étudiée dans l'article « Violence symbolique ».

La violence, c'est en somme « l'abus, sous toutes ses formes et en tout lieu », c'est le recours à « la force, à la contrainte » (J. Pain).

La violence de l'individu, plus précisément sa violence innée, peut se maîtriser grâce à sa raison et grâce à sa volonté. Il est évident que l'éducation a un rôle important à jouer dans ce domaine. Naturellement, l'homme est violent et se retourne contre l'autre qui le gêne dans son désir. Pour éviter cette réaction, il convient de gérer de façon paisible les relations entre l'*ego* et *l'alter*.

C'est dès son plus jeune âge que l'enfant va apprendre à maîtriser ses instincts grâce à l'éducation familiale et à l'éducation que va lui donner l'école. Il va apprendre à faire fonctionner sa raison, sa pensée et à gérer les situations de conflit. A l'école, il est mis en présence d'autres enfants et il apprend à se socialiser : la gestion de la violence vis-à-vis de l'autre représente un des apprentissages importants de la socialisation. Il apprend que la violence est confusion et chaos et qu'on peut l'éviter par la discussion et par la négociation.

Il est nécessaire que les enfants comprennent que la parole peut éviter la violence. Des simulations et des jeux de rôle sont fréquemment utilisés par les enseignants pour faire prendre conscience aux élèves de l'origine de la violence dans une situation conflictuelle et pour les amener à l'éviter. La violence naît souvent d'une incapacité à dire les choses ; on doit donc travailler sur la parole. Mais elle naît aussi d'une formation morale lacunaire. En effet, l'enfant qui n'a pas appris le respect de l'autre, qui demande qu'on le respecte mais qui n'est pas capable de considérer l'autre comme un être différent, cependant égal à lui-même, comme son *alter ego*, affirme ses droits, mais nie son devoir qui consiste à respecter l'autre et à l'accepter dans sa différence. Tout ceci représente un long apprentissage, sans cesse recommencé et jamais terminé.

VIOLENCE SYMBOLIQUE

Nul n'ignore ce qu'est la violence physique. La vie quotidienne en fournit malheureusement à chaque instant des exemples multiples. La violence symbolique ne se confond certes pas avec la violence physique sauf en ce qu'elle est, elle aussi, une violence. Simplement elle s'exerce dans l'ordre du symbolique, c'est-à-dire dans l'ordre des impositions auxquelles on force autrui, c'est-à-dire dans l'ordre de ce qu'on le contraint à faire alors qu'il ne l'a pas souhaité (ou ne l'aurait pas souhaité).

Il faut se garder de croire, comme trop d'analystes rapides le font, que toute violence symbolique est négative : elle est parfois indispensable pour le bien de l'impétrant. Apprendre à lire n'est en général pas une sinécure pour l'enfant concerné, il n'empêche que la violence symbolique qu'on lui inflige en l'y contraignant lui est fondamentalement utile. Mais il est vrai que, sur le plan pratique, une violence symbolique connote d'abord une violence, c'est-à-dire une forme de maltraitance, c'est-à-dire un mal.

Pierre Jakez Hélias raconte que jusqu'à l'âge de six ans, il n'a parlé et entendu parler que le breton. En entrant à l'école primaire publique, tout se déroulait en français et, donc, pour lui, il ne comprenait rien. N'empêche, dit-il, que cette contrainte était nécessaire et m'a été bénéfique (doublement d'ailleurs puisqu'il est devenu professeur de français). N'importe lequel d'entre nous pourrait fournir des exemples de violence symbolique qui s'est exercée sur lui et qui a été positive.

Mais, pareillement, les exemples de violence symbolique néfaste surabondent. Bourdieu et Passeron (dans *Les Héritiers*, puis dans *La Reproduction*) ont mis en évidence cette forcerie de l'imposition à l'école, l'enfermement brutal des valeurs proprement scolaires (arbitraires comme toutes les valeurs) en des enfants qui ne s'y attendent pas et ne s'y retrouvent pas. Ils ressentent cette contrainte avec mal-être et

y perdent progressivement une partie de leur identité personnelle singulière.
Toute catégorie de violence symbolique en effet vise à instaurer une conformité, à mettre les « victimes » au moule, à leur imposer d'être ressemblantes plutôt que d'être elles-mêmes. Aujourd'hui, on pourrait prendre beaucoup d'autres exemples, plus insidieux mais aussi puissants que l'école. Les médias, notamment, fournissent des héros, à tous les mêmes, aux enfants et exercent sur eux une contrainte masquée mais bien réelle qui les conduit à se conformer au modèle médiatiquement dominant.
S'agissant de la compétence à l'altérité, il est probable que, comme les autres, elle doit se construire, s'élaborer et qu'elle ne dérive pas de prétendues tendances naturelles. En bref, elle s'inculque et s'enseigne, s'apprend. Il faut, par conséquent, pour la mener à bien, un effort long et renouvelé qui relève de la violence symbolique. Le laisser-aller ou le laisser-faire, là, serait dépourvu de pertinence, dans la mesure où la reconnaissance de l'altérité constitue une valeur fondamentale.
C'est donc un travail de contrainte qu'il s'agit de conduire à son sujet, de même que pour la prise de conscience des droits de l'homme. Celle-ci, en effet, ne va pas de soi. Elle résulte d'un effort constant de la raison, parce que, en suivant simplement la nature, sans violence symbolique, ce serait la loi du plus fort et la guerre qui s'imposeraient. Pour faire respecter les droits de l'homme et donc la valeur de l'autre en tant qu'autre, de l'altérité, il est indispensable de distribuer une formation, une éducation, que les destinataires ne souhaitent certainement pas d'eux-mêmes. Là aussi la lutte contre la spontanéité va dans le sens du progressisme, tant il est vrai que la violence symbolique constitue un processus inéluctable, pour le meilleur et pour le pire.

VOYAGE

On ne peut travailler sur les relations à l'autre sans évoquer le voyage. Pourquoi voyage-t-on et qu'attend-on du séjour à l'étranger ?

Dans le voyage, on peut espérer découvrir l'autre, dans ses habitus culturels, dans ses modes de pensée, dans son essence même. En d'autres termes, le voyage nous permet de partir à la découverte de l'autre, de satisfaire notre curiosité intellectuelle. Nous voyageons, nous échangeons pour apprendre, pour communiquer, pour vivre autrement, pour penser autrement.

Bien entendu, selon les individus, l'apport extérieur et la transformation intérieure relatifs à l'échange sont plus ou moins importants. La décentration est un exercice difficile et nous ne le pratiquons pas tous de la même manière. Cela dépend de l'individu, mais cela dépend aussi de la disponibilité psychologique de l'individu. A certains moments de notre vie, nous sommes plus disponibles qu'à d'autres pour nous décentrer et pour aller vers l'autre.

Le voyage, c'est l'ouverture sur une autre culture. C'est la rencontre avec la culture de l'autre. Là aussi, l'exercice de la décentration est fructueux. Par l'approche de l'autre dans la vie quotidienne -par l'observation participante- on comprend mieux ses propres habitudes, ses comportements, ses modes de pensée. On comprend que ses habitus culturels -inculqués par la famille, la société- ne sont pas universels, mais singuliers. On découvre aussi les codes culturels de l'autre dans ses incarnations quotidiennes : la politesse, les habitudes gastronomiques, l'intimité, les relations entre les individus, ...

Par cette prise de conscience des différences, on questionne ses propres codes culturels, on les relativise, on les met à distance et on comprend mieux les raisons de son propre comportement dans sa société d'origine. On apprend à reconnaître « les évidences invisibles » et à les appréhender comme spécifiques.

Le voyage permet donc de s'interroger sur son identité culturelle et d'être plus conscient de ses spécificités. C'est la rencontre avec l'altérité et avec les représentations qu'ont les autres sur notre propre identité qui nous permet de mettre au jour de façon consciente les caractéristiques de notre identité culturelle. Cette identification claire des différences culturelles constitue un premier pas vers le respect de l'autre dans sa diversité.

Le désir de quête métaphysique est aussi présent dans la motivation du voyage. Par le voyage, on aspire à une meilleure connaissance de soi et du sens de sa vie. Mais l'entreprise est longue et difficile car le contact avec l'altérité accentue la présence du multiple. Il faut trouver l'unité en se retournant vers sa propre intériorité. La confrontation avec l'autre et l'ailleurs nous permet de comprendre que l'unité intérieure ne peut résulter que d'un effort lucide sur soi-même. Ce n'est pas en se reniant ou en se fondant dans l'autre, par une entreprise de mimétisme mortel pour l'identité, que l'on peut aller vers l'autre. C'est au contraire parce que l'on se connaît, parce que l'on connaît les nombreuses facettes de sa propre identité que le contact avec l'autre sera riche et fructueux.

Enfin, le voyage est lié au mythe de l'ailleurs. Le voyage, c'est aussi parfois la fuite. Rimbaud l'a dit : « la vraie vie est ailleurs » et il l'a expérimenté. La véritable quête est intérieure et le seul véritable voyage est intérieur. Le voyage permet la conquête de « l'espace du dedans » (Michaux).

614473 - Juillet 2015
Achevé d'imprimer par